积极领导力

管理者的心智跃升

［英］尼尔·塞利格曼◎著　梁金柱◎译
（Neil Seligman）

CONSCIOUS LEADERSHIP

Reveal your potential.Inspire excellence

中国科学技术出版社
·北　京·

图书在版编目（CIP）数据

积极领导力：管理者的心智跃升 /（英）尼尔·塞利格曼（Neil Seligman）著；梁金柱译 . -- 北京：中国科学技术出版社，2023.4

书名原文：Conscious Leadership：Reveal your potential. Inspire excellence

ISBN 978-7-5046-9903-9

Ⅰ . ①积… Ⅱ . ①尼… ②梁… Ⅲ . ①领导学 Ⅳ . ① C933

中国国家版本馆 CIP 数据核字（2023）第 031160 号

策划编辑	赵　嵘
责任编辑	申永刚
版式设计	蚂蚁设计
封面设计	创研设
责任校对	邓雪梅
责任印制	李晓霖

出　　版	中国科学技术出版社
发　　行	中国科学技术出版社有限公司发行部
地　　址	北京市海淀区中关村南大街 16 号
邮　　编	100081
发行电话	010-62173865
传　　真	010-62173081
网　　址	http://www.cspbooks.com.cn

开　　本	710mm × 1 000mm　1/16
字　　数	124 千字
印　　张	9
版　　次	2023 年 4 月第 1 版
印　　次	2023 年 4 月第 1 次印刷
印　　刷	北京华联印刷有限公司
书　　号	ISBN 978-7-5046-9903-9 / C · 219
定　　价	59.00 元

（凡购买本社图书，如有缺页、倒页、脱页者，本社发行部负责调换）

阅读指南

本书分为5章，共20节课，涵盖了对当今的自觉领导者来说最具启发性和有价值的话题。

如果你从头开始学习，这个过程是最有效的，不过你也可以随意挑选一个你认为最吸引你的主题开始探索。如果某一节课没有打动你，不要担心，继续往下读。只要时机合适，你就会与它产生共鸣。因为自觉领导之路，既不是笔直的通途，也不是阳关大道。它和你一样，是独一无二的。

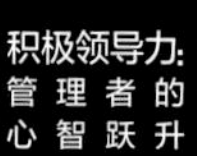

每节课将介绍一个重要的概念。

积极领导力:
管理者的
心智跃升

这些概念解释了如何将你学到的东西应用到日常生活中。

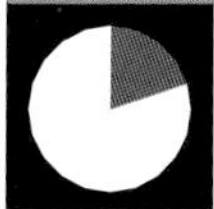

在阅读本书的过程中，工具包能帮助你记录已学内容。

特别策划的“参考阅读”模块将为你提供正确的指引，帮助你了解那些能激发你想象力的东西。

积极领导力：
管 理 者 的
心 智 跃 升

通过阅读本书，你既可以获得知识，也可以明确人生方向。你可以用自己喜欢的方式阅读本书，或循序渐进，或跳跃性阅读。下面请开启你的阅读思考之旅吧。

目　录

引　言

自觉领导是一段摆脱恐惧的旅程。

这是一段自我发现与冒险，获得灵感与启示的旅程，在获得清澈纯净的心境和变得勇敢无畏的过程中，你会越来越懂得欣赏自身的优秀之处。

所有人都可以加入这次冒险之旅，因为你是一名领导者，无论你是否意识到了这一点。你是一名领导者，这既体现在工作、社区、家庭中，也体现在你对自己的选择、言语和行动负责的时刻；你是一名领导者，无论你的工作头衔是否表明了这一点；你是一名领导者，哪怕除了我和你本人，还没有人意识到这一点。

你是自身影响力的创造者，不管影响力大或小，就在此时此刻，你的每一个想法、言语和行为都会在这个世界的联结中激起涟漪。有意识地参与到这个过程中，正是你成为领导者的原因。

几千年来，人类一直在发现自我，不断追求知识、权力、健康、财富、幸福和卓越。对于探索未知，走得更远、跑得更

你是自身影响力的创造者，不管影响力大或小，就在此时此刻，你的每一个想法、言语和行为都会在这个世界的联结中激起涟漪。

快、建得更高的渴望，一直激励着人类在科学、工程和医学方面实现无数的惊人壮举。

然而，人类在获取伟大成就的同时，也让世界陷入了环境、社会和政治方面的诸多严重问题之中，后果让人不寒而栗。我们发现自己正处于一个重要的历史时刻：只有在一种全新的领导意识模式下才能催生出新的解决方案。

世界迫切需要具备自觉领导力的领导者，他们有意识、头脑清醒、联结广泛。领导力不是发号施令，而是礼贤下士、与员工共同创造美好未来，我们需要能认识到这一点的领导者。简而言之，在如今的舞台上，自觉领导是摆在第一位的。

我希望我们能一起去探索、创造这种新的领导力模式，并将其融入你的生活之中。虽然自觉领导的标准很高，但它能满足你的需要。除了探索的好奇心和自我反省的勇气之外，没有任何准入要求。

本书的第1章提供了实现自我认识的工具和练习方法，为实现自觉领导奠定了基础。其中包括为自己的未来制定一个愿景，明确自己的价值观，了解正行（Right Action）[①]的意义，以及如何有效地与他人沟通你的目标、需求和愿望。在“自我维护”一章（第2章）中，我们将重点关注身体和心灵，并探讨如何充分感知我们的身体，只有这样做我们才能活得精彩。

在“自我管理”和“自我发展”两章（第3章和第4章）中，我希望你能更新自己的知识并学习新的技能，以便更好地应对压力、变化和人生的起起落落。这两章强调了幸福、情商、自我关怀和感恩的重要性，这对思想观念和心态的改善有很大帮助。最后一章（第5章）关于自我实现，汇集了本书前几章的所有要点，并提供了关于卓越、正位[②]和领导他人的见解。

在这个旅程中，你的向导不是什么大师，而是一位同行者，他将为你提供经久不衰的原则、经验和理论，这些可能会为你的未来提供启迪。不管在哪个阶段，你都是自己人生帆船上的船长，决定下一步行动的人是你自己。

无论你是一家几十人企业的领导，还

① 正行（Right Action）：指把和谐理念体现到行动中，英文为Right Action，强调作为领导者，关键时刻要考虑个人、团体和整体。具体内容将在第2课中详细阐述。——编者注

② 作者强调追求正位而非追求成功，正位可以帮助你实现内心坚定和安宁平和。具体内容将在第20课中详细阐述。——编者注

是处于创业起点的创业者，抑或是一名工人、教师、家长或学生，请记住，领导力是关于你如何与自己、自己的选择和周围的人打交道的能力。

更加奇妙的是，领导力是一种气场，当走进房间，你还没有开口，别人就已然感受到了。

本书旨在通过提供理论、方向和陪伴来支持你一路前行，无论你在提升领导力的路上身处何处。

自觉领导

脱恐惧的

是一段摆

旅程。

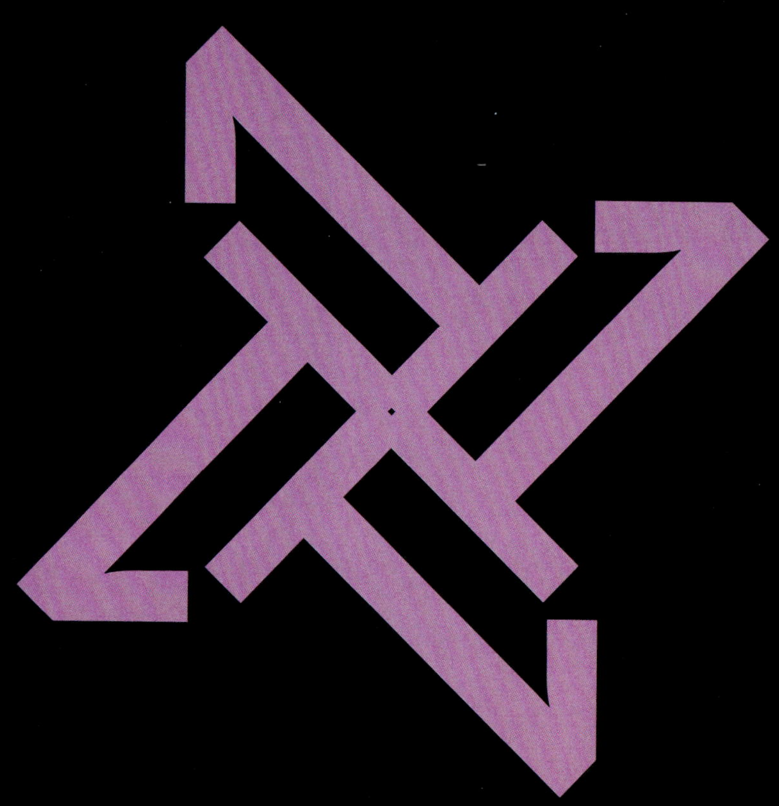

第1章

自我认识

第1课　明确愿景和价值观

坚持做到心明眼亮。

第2课　将使命量化

坚定自己未来的道路。

第3课　使承诺落到实处

坚持心口如一。

第4课　具有边界意识

坚守自己的领地。

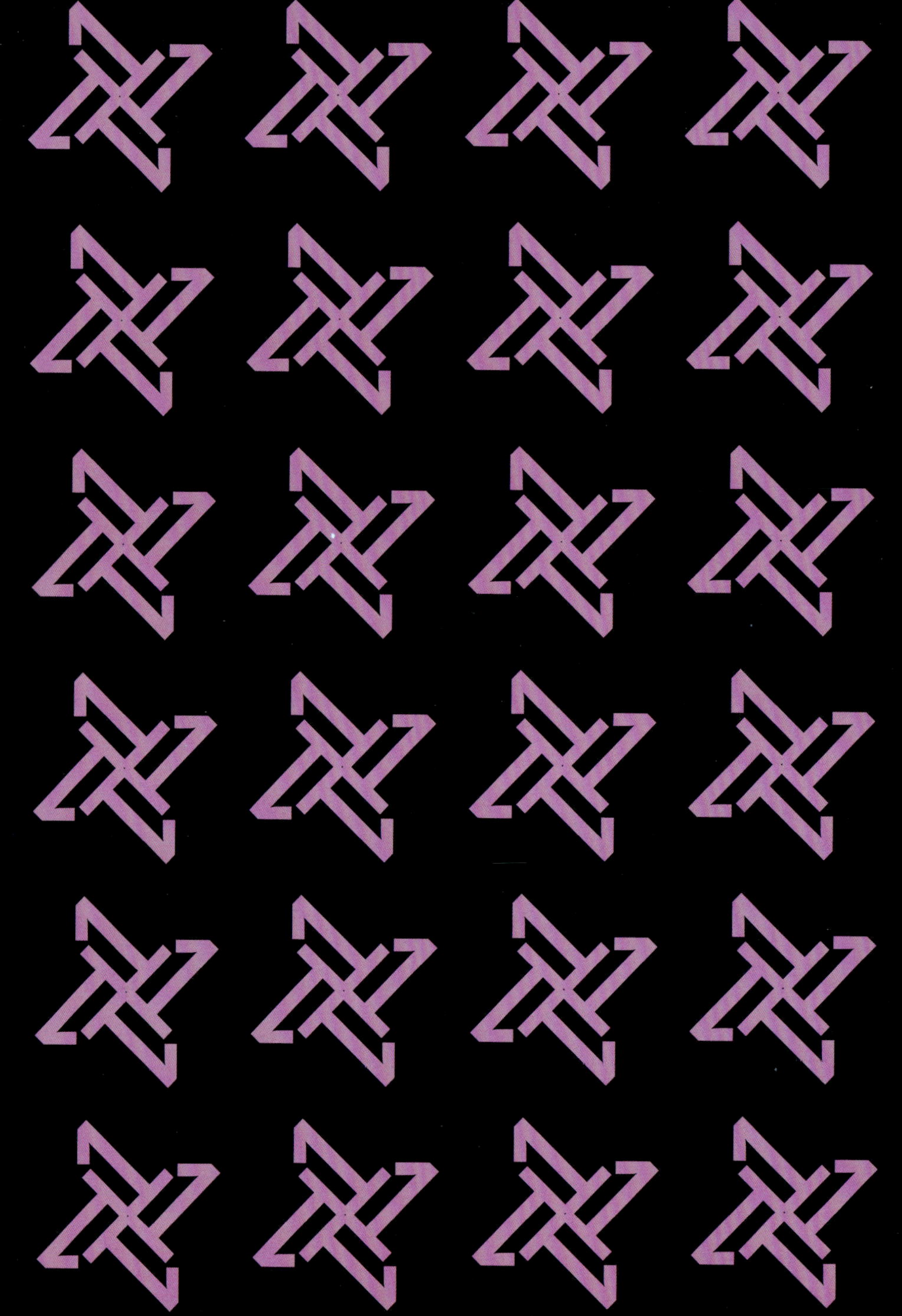

时间会让个人的真实情况暴露无遗，因为你的本性会透过个性、环境、社交和生活经验显现出来。

在一本关于领导力书的开篇，面对“自我认识”这几个字，不免让人觉得有点惊慌。然而，自我认识是我们所做一切的核心。

如果没有一点自知之明，你怎么能践行奥斯卡·王尔德（Oscar Wilde）所说的忠告呢？

做你自己，因为别人都有人做了。

“做你自己”的前提是，你对自己的方方面面都已经非常了解。然而，“自知之明”不可能在安静的周日从云端下载，也没有一本全面的用户手册让你了解自己所有的喜好、优点、缺点、欲望。

但是，时间会让个人的真实情况暴露无遗，因为你的本性会透过个性、环境、社交和生活经验显现出来。周围人的反应，以及我们从朋友、同事和熟人那里得到的正式和非正式的反馈，也有助于我们认识自己。因此，自知之明是一种可以通过在生活中关注日常体验，潜移默化、循序渐进地学习的东西。

让我们换个角度来看待这个问题。企业或组织也必须认真考虑自己的定位，以及行为的目的。品牌承诺包含两个方面：一个是功能性的，另一个是情感性的。举个例子，一家高端航空公司的功能承诺是让顾客从甲地到达乙地。根据他们的广告内容，我们可以推测他们的情感承诺是确保顾客的旅程舒适优雅、安全可靠且品质高。

现在把你自己想象成一个品牌。你的功能承诺和情感承诺会是什么？世界上有哪些使命可以靠你来完成？你认为周围人在你与他们互动的过程中实现你的功能承诺时会有什么感受（这是否与你希望他们获得的感受一致）？

这些类型的反思虽然看起来很抽象，但却打开了提升自我认识的大门，这些思考反过来又构成了你作为领导者能够为他人做出贡献的基础。

第1课　明确愿景和价值观

在一个不断变化的世界中有意识地生活，需要有目的、方向明确且明智的决策。一般来说，想要发现生活中更深层的驱动力是什么，需要付出更多努力和花费更多时间专注思考。现在，投入时间做这项工作，是你在自觉领导的旅程中获得成功的重要条件。

明确自己的价值观

只要明确并把握自己的价值观，你就能在面对新的商业决策或人际交往的关键时刻，游刃有余地处理各种复杂情况。描

+ 练习

坐在座位上，深吸一口气，想象自己正在沿着时间的河流漂浮。几年后，你的人生已经以一种充满惊喜且愉悦的方式展开。你看见未来的自己神采奕奕、幸福美满。你的言谈举止、举手投足都表现出一种闲庭信步的潇洒。你的身体线条流畅优美，你的肩膀不再有紧绷感，你的额头舒展，心胸开阔，你的想法变得比以往更加成熟且深刻。

当你向未来敞开心扉，笑容会自动浮现，因为你意识到自己既快乐又健康、强健有力，生气勃勃。你感到精力充沛，充满活力且自信。不仅如此，你发现自己的同情心和爱心达到了一种新的境界。你感到十分轻松，因为你在快乐地为世界做出自己独特的贡献，并且丝毫感觉不到费力。一切都恰到好处。

现在，依次问自己以下问题。你不妨闭上眼睛，以提高自己的注意力，然后记下你所发现的东西。任何想法和答案都可以。

（1）在这个想象的未来里，你身处何方？

（2）在这一想象中和你在一起的人是谁？

（3）你的想象时间是如何度过的？

（4）在想象中你从事什么职业？

（5）你的想象有什么看起来或感觉不同的东西？

（6）在想象过程中有什么你希望能记住的事情吗？

绘出一条清醒的人生道路，此外，作为一名领导者，你需要在权衡影响、利益、风险和成本时做出谨慎的决策。价值观代表着你最珍视和坚持的东西。当你面对艰难的决定、不确定性或冲突的时候，价值观可以成为你的指南针，使你坚守住自己的底线。

企业经常拟定企业愿景来描绘他们希望创造的未来。我自己创建的公司“自觉职业人”（The Conscious Professional）的愿景是“打造一家汇聚开明管理者的自觉企业”。虽然这个愿景在我的有生之年不一定能实现，但它提供了一个明确的前进方向，帮助我做出符合自己意愿的决定。

对生活持有一个清晰的愿景也能起到同样的作用。你已经从刚才的练习中获得了一些信息，现在是时候思考自己的愿景了。你的愿景可以关于你自己，你的家庭、朋友、事业，你所在的社区、社会，甚至是地球。

示例

我的愿景是让人生充满乐趣和冒险。

我的愿景是领导一家推出变革性产品的公司。

我的愿景是成为全国最好的律师。

我的愿景是变得更加自信，自由地开启人生的下一个篇章。

我的愿景是为我的家庭和社区提供服务。

我的愿景是与世界上最伟大的人一起工作。

你的计划

思考你想到的所有答案，并记下你的愿景。

我的愿景是……

试着大声说出你的愿景。

现在你有了自己的愿景，是时候反思一下指引你前进的价值观了。问问自己此刻对你来说什么才是最重要的。从罗盘上选择3个最能描述你当前价值观的词，如果你愿意，也可以添加罗盘上面没有的词。把你选好的词记在笔记中。

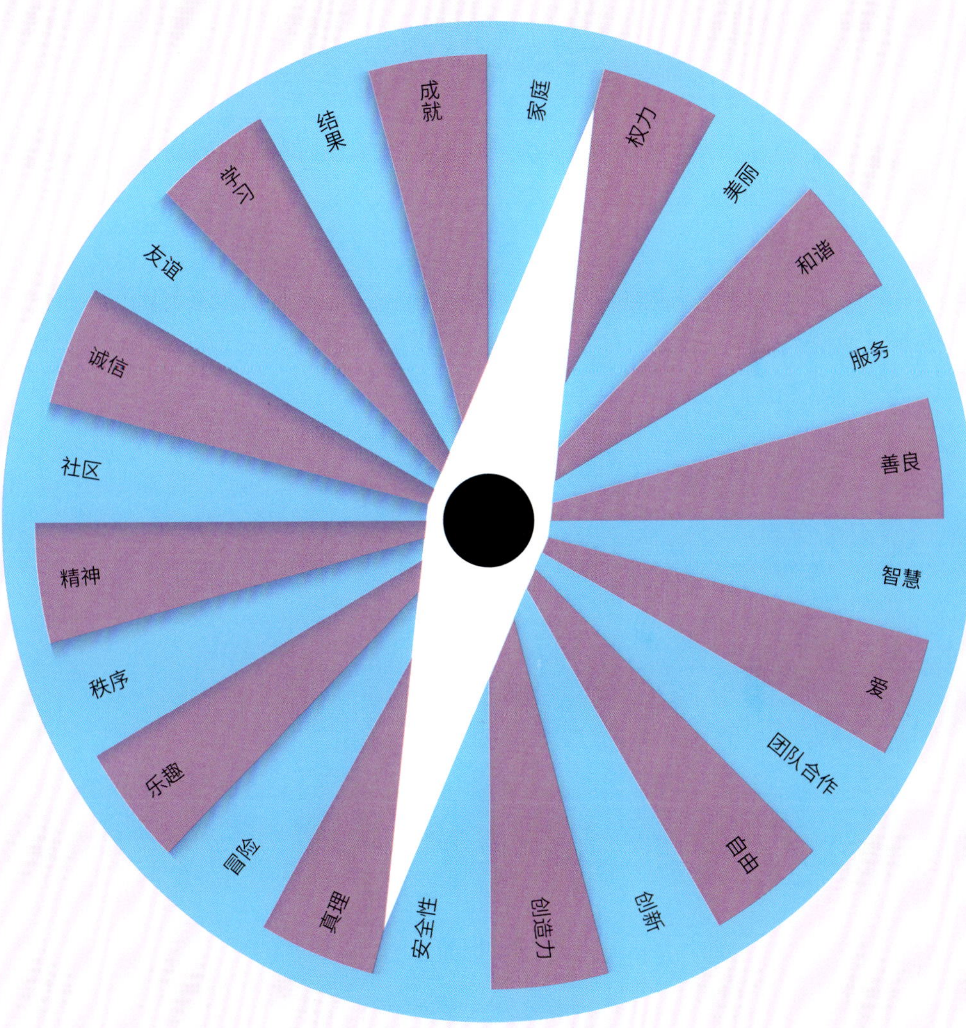
成就
家庭
权力
美丽
和谐
服务
善良
智慧
爱
团队合作
自由
创新
创造力
安全性
真理
冒险
乐趣
秩序
精神
社区
诚信
友谊
学习
结果

第2课　将使命量化

拥有清晰的愿景只是一个开始，接下来的挑战是如何将你的雄心壮志转化为行动。不仅是一次，而是成百上千次微小的、持之以恒的、勇敢的行动。如果你已经在这样做了，那么请把接下来的练习当作一次优化调整。

让我们首先思考“正行”的概念。

正行可以被定义为“把和谐理念体现到行动中”，除了价值观之外，正行也可以作为决策的辅助手段。

作为一名领导者，作为人类的一员，你会发现自己经常处于传说中的三岔口。在这个关键时刻，“正行”要求你考虑三件事：个人（我）、团体（我们）和整体（我们所有人）。

从实际情况来看，你在做决定时需要考虑以下三方面：

（1）你自己（以自我为中心）。

（2）受到直接影响的人（以自己所在组织为中心）。

（3）更大的社区（以世界为中心）。

在应对困境、挑战或问题的过程中，你需要寻找一种解决方案，应用这种解决方案必须要考虑到涟漪效应。

在企业界，许多人所处的公司还没有认识到“正行”的价值，相反，他们更倾向于使用以自我为中心的方法。如果你正好是其中一员，而且你也认为这难以改变，那么就正好说明了为什么正行会被称为“领导力”。领导力往往需要你逆势而为，在批评和斗争的熔炉中锻造新的东西。关于这一点，莫罕达斯·卡拉姆昌德·甘地（Mohands Karamchand Gandhi）的话一语中的，他说：“想要改变世界，就先改变自己。”

正行包括：

做自己热爱且有益于他人的事。

静静地坐着，达到和谐的心境。

在做决定之前，与利益相关者一起集思广益。

当其他人都说“是”或沉默不语时，敢于说不。

做出你希望看到的改变。

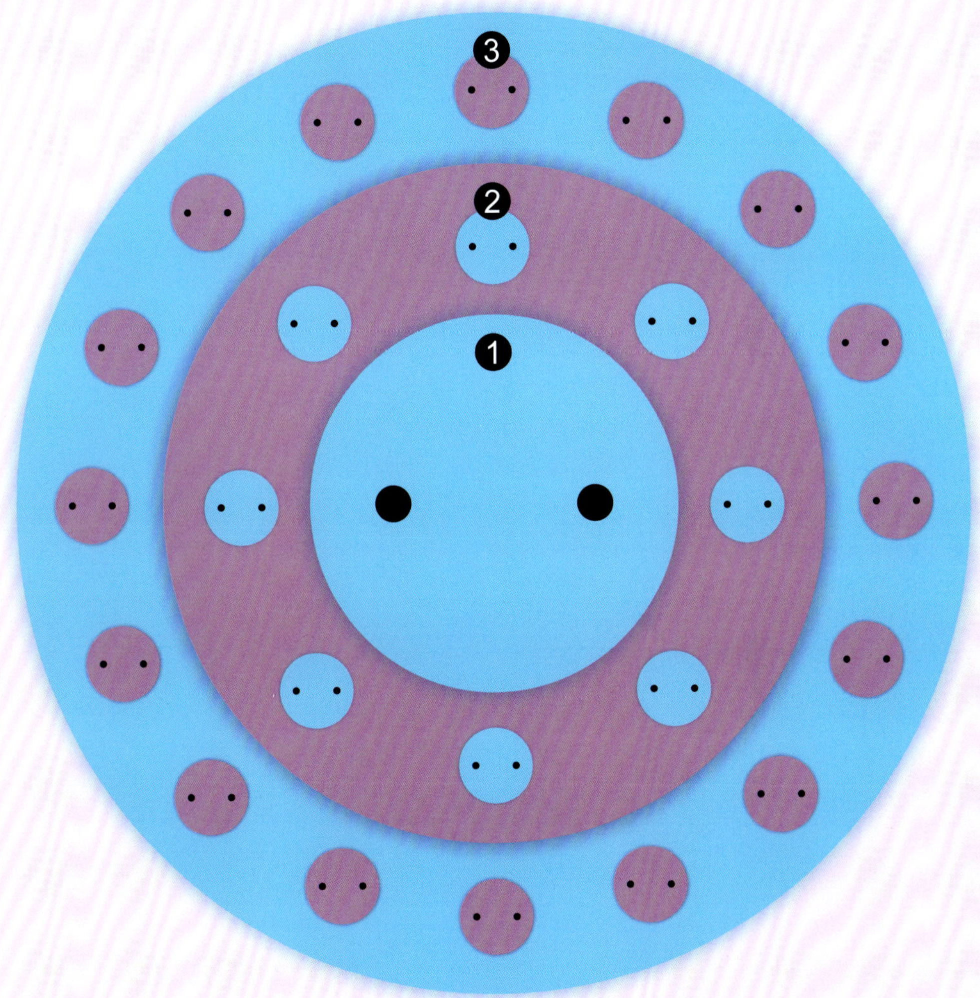
3
2
1

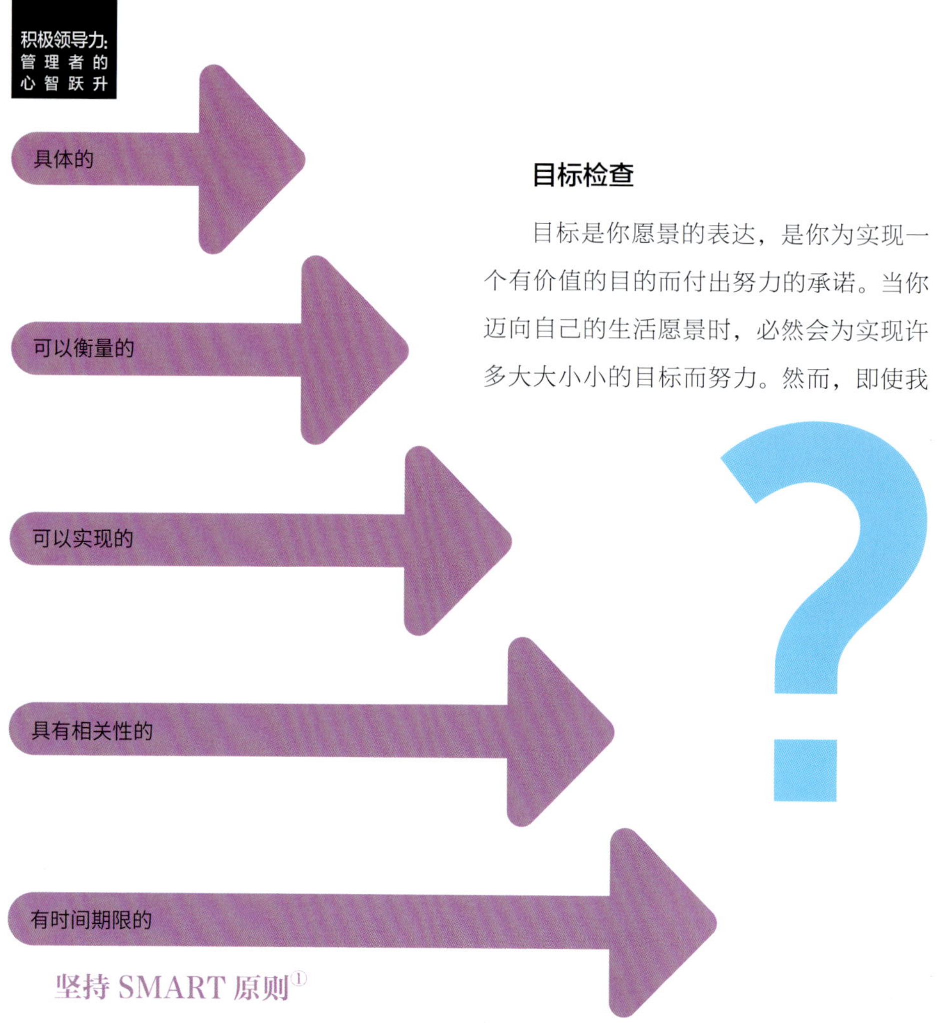

目标检查

目标是你愿景的表达，是你为实现一个有价值的目的而付出努力的承诺。当你迈向自己的生活愿景时，必然会为实现许多大大小小的目标而努力。然而，即使我们清楚地知道何为 SMART 原则，也常常忘记将这个理论付诸实践，没有定期检查我们的目标，确保它们符合 SMART 原则。如果你最近都没有这样做，那么建议你现在就去调整。

坚持 SMART 原则[1]

当你萌发雄心壮志时，必须将目标清楚地描述出来，将目标分解为项目、行动、任务和流程。监测进展，使一切按计划进行，发现效率低下的地方并不断改进。确认自己是否为实现目标做好了准备，下面这些关于目标和待办事项清单的建议供你参考。

① SMART 原则由管理学大师彼得 · 德鲁克（Peter Drucker）提出，SMART 分别是五个英文单词首字母的缩写，即具体的（Specific）、可以衡量的（Measurable）、可以实现的（Attainable）、具有相关性的（Relevant）和有时间期限的（Time-bound）。——译者注

+ 练习

列出你目前制定的目标，检查它们是否符合SMART原则。如有必要，对其进行修改，并记得在日历上记录好每周或每月的目标检查时间。

待完成

今天你必须要完成的任务。

完成中

你正在跟进，但今天尚不能完成的较大任务或项目。

待办事项清单

笔者以前常常每天早上制定一份待办事项清单，尽可能完成它，但由于这份清单不切实际，到最后不可避免地会有一大堆项目无法完成，只能推到明天。这种感觉就像是一个试图登顶的探险家，不管他向上爬了多高，每天结束时都要退回到山脚的大本营。这令人无比沮丧。

因此，与其让自己每天陷入失望之中，不如升级你的待办事项清单，将待办事项分为4种不同类型，而不是只有一种类型。

无须完成

虽然你今天没有推进，但你希望重点关注的任务。

已完成

今天完成了的任务。

一天下来，你会对自己的实际成果有一个更现实的认识，尤其是你的“已完成”清单可能会让你喜出望外。请记住，每天都要制定一份新的清单，这样你就不会把今天的工作转移到明天。

现在就把壮志转化成行动吧。

你的雄心
为日常行

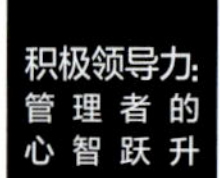

第3课　使承诺落到实处

你的生活是建立在你的承诺之上的。这种说法可能会让你感到惊讶，这是因为我们往往不会用这样的术语来思考生活。当你签署合同或达成协议时，都是在做出承诺，不管是口头的还是书面的。其中一些是你与他人达成的外部协议，如工作合同；另一些是你与自己达成的内部协议，如做事总是全力以赴或照顾好自己的母亲。无论你的承诺是什么，都将会在你的生活体验中一一兑现。

你的承诺使你能够理解自己的身份和所处的生活环境。你用自己的承诺来发出请求、与人交流、投身于某项事业，以及领导和激励他人。你的承诺是前提，所以重要的是让它落到实处。

在自觉领导的模式中，只有当你的承诺有清晰的内涵，被无所畏惧地表达出来时，才会显得重要。因为只有清晰的话语才具有说服力，只有毫无畏惧的表达是真实的且打动人心的。当这两者结合在一起时，世界就会改变。

反之，如果你的承诺含糊不清且你表现得畏畏缩缩，就会引起混乱、冲突，最终导致结果与你的计划背道而驰。

因为你和自己早已达成许多内部协议，有的甚至是童年时许下的诺言，所以你可能没有充分意识到。因此，我们有必要重新拾起并定期审视它们，以确保它们符合当下的情况，而且是发自真心的。

+ 练习

第一步

把你目前的承诺列出一份清单。

合同

工作合同、婚姻合同、财务合同……

外部协议

关系协议、社区协议、家庭协议……

内部协议

我向自己保证，我将做到……

第二步

在审视你的协议之前，花点时间阅读并思考布朗尼·韦尔（Bronnie Ware）所写的《临终前的五大遗憾：因逝者而改变的人生》（*The Top 5 Regrets of The Dying*）。

（1）我希望当初我有勇气过自己真正想要的生活，而不是别人期望的生活。

（2）我希望当初我没有花那么多精力在工作上。

（3）我希望当初我能有勇气表达自己的感受。

（4）我希望当初我能和朋友们保持联系。

（5）我希望当初我能让自己活得更开心。

第三步

最后，当你审视清单时，想一想你所承诺的一切是否符合自己的价值观。如果你有一种想要修改、删除某项承诺或添加更多承诺的冲动，请谨慎行事，或将其记录下来，提醒自己回到练习中，进行更深入的思考。

清楚表达的力量

如果你想让你的承诺与你的愿景、价值观和目标保持一致，一个很好的方法是，每天早上关注自己的意图，通过补充完整下文的句子做到这一点。

作为一种修行，最理想的做法是，给自己一些时间，专注于当下的呼吸，然后读出每一句话，随性而真诚地说出你的答案。如果你不把它们大声说出来，而是记在笔记里，这种做法也同样有效，并且能为你的意图创建一份不断完善的记录。

当你每天重复这个练习时，你可能会为自己说的话或写的东西感到吃惊。这是十分正常的。率性而为有时会启迪你的智慧，有时会让你感到毫无意义。相信自然产生的念头，并注意你的想法是如何在几天和几周内发生变化的。

（1）今天，我决心要做……

（2）今天，我将通过以下方式做出贡献……

（3）今天，我最感激的是……

（4）今天，我不会再纠结于……

（5）今天，我要原谅……

晨间惯例

晨间惯例是你生活的一个缩影。

早上，你醒来后便会进行晨练，其中包括感知呼吸，做拉伸训练、强化训练、冥想和意念训练。这个练习使你能够在一天开始时调整好自己并产生新的能量，使你能够牢牢把握住自己的愿景和价值观。

随着对本书课程学习的深入，你可以考虑在目前的晨间惯例中增加一些额外的内容。并非笔者所有的建议都能引起你的共鸣，因此请尝试添加那些你感兴趣的内容，并在笔记本上记录下每一个新增内容对你的影响。在本书结束时，你可以对自己的晨间惯例进行微调。

实践

为了给你的晨间惯例新增内容腾出空间，笔者将首先为你设定一个为期7天的挑战——醒来后30分钟内不能查看你的智能电子设备。如果你这样做了，就会感到更积极，并且感到压力减轻。如果你体会到了头脑清醒和心旷神怡的好处，就请坚持这样做下去。

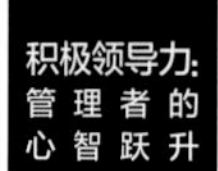

第4课　具有边界意识

虽然边界意识理论很简单，但是能够明确而又友善地表达和划清边界却不容易。清楚的边界能够使你平静轻松地度过每一天。模糊的边界会导致不满情绪产生，令人不知所措，让你觉得自己与周围的环境格格不入。

能够良好地表达边界的首要条件是明确自己可以接受的和不能接受的是什么。这是非常私人的问题，需要你认真思考。因为我们中的许多人习惯于在社交中讨好他人，所以不清楚自己的真实偏好是什么。如果你发现自己对大多数问题的回答都是“我不介意”，那就需要你每天花点时间来关注自己的偏好，并大胆地说出自己的偏好。你可以从小事做起，循序渐进。这样做并非自私，而是在培养你的自我意识。

如何说不

自觉领导的艺术在于说“是”的时候，是真心实意的，而说“不”的时候又不会拒人千里。

在我开始我的见习辩护律师实习时（差不多等同于为期一年的面试），一位年长的朋友建议我，如果书记员要求我做某事，我要偶尔学会说“不”。虽然我内心惶恐，但还是按照朋友的建议做了，并始终确保自己能够给出充分的理由。因此我很早就知道，说“不”会获得别人的尊重。

如果对许多事情都说“是”，人们就会发现自己做出的承诺过多，以至于自己不堪重负。这种情况往往源于一种误解，即说“不”是对请求者的拒绝。但是请记住，对一项任务或协议说“不”是完全可以的，同时这并不会损害你与他人的关系，甚至会让双方的关系更加紧密。拜伦·凯蒂（Byron Katie）是一位多产的作家和“转念作业”（The Work）的创始人，她提倡“爱的拒绝”，这种方法能让你的拒绝充满善意、怜悯并流露出希望与对方保持交往的意味。

如果你感觉自己的拒绝可能会被他人误解，那么就当面或通过电话说出来。这样便于你向对方解释、表达遗憾和给出替代方案，并且口头表达被误解的可能性更小。最重要的是，请记住，做出真心实意的承诺，是对他人的善意。

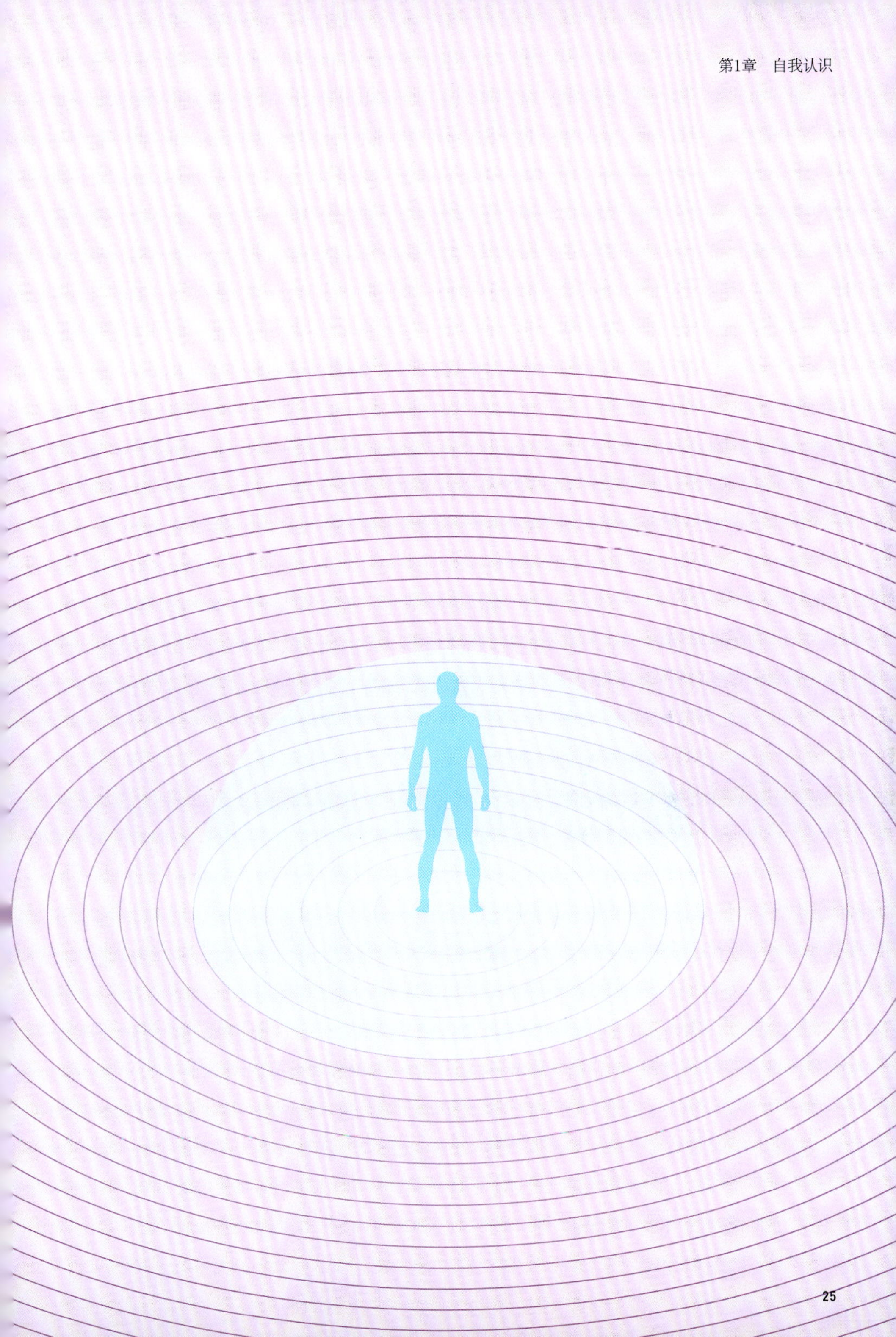

阴影理论

人不是通过认识到自我光明的一面而变得开悟，而是通过对自我阴暗的一面有所认识而变得开悟。

——卡尔·古斯塔夫·荣格（Carl Gustav Jung）[①]

为了让自我认识的探索更加公正，我们必须认识到自我包含了阴暗和光明两个方面。因此，构成你阴暗面的是自身不理想和被压抑的方面——所有自己可能不喜欢、感觉无法接受或自己看不到的东西。当别人指出你的阴暗特质时，你可能会感到不安、羞愧或极端痛恨。

举个例子，笔者阴暗的自我特质是傲慢、无情、粗鲁、愤怒、闷闷不乐，并且认为人生是徒劳的。学会拥抱这些难以接受的真相并不容易，但却让我能更真实地体验自己，并让我感到心境平和及人格完整。

在让觉悟之光照亮阴暗面的过程中，你不再否定自身不可接受和不受欢迎的部分，取而代之的是对个人真实面貌的坦然接受。阴暗面失去了左右你的力量，达成一种平静的和谐。这时，我们正以一种异乎寻常的方式处理个人边界的问题。只有关注和接受本性中矛盾的方面，我们才有可能拥抱它们，让矛盾得到化解。

记住，正视自己的阴暗面不是为了给自己一个自暴自弃的理由，而是为了让你关注到自己人性中天然存在的部分，并练习对自己拥有慈悲之心。

① 卡尔·古斯塔夫·荣格（Carl Gustav Jung）：瑞士著名心理学家、精神分析学家，是现代心理学的鼻祖之一。——编者注

✚ 练习

接受自身的阴暗面是一项艰难的工作，需要勇气和稳定的心理素质作为基础。如果你今天感觉身体状态不好或精力不集中，请将这部分练习留待以后再做，或与值得信赖的朋友或专业人士在一起时再做尝试。

列出别人指出且让你难以接受的3个负面品质：

（1）

（2）

（3）

列出3种你认为难以在他人面前表达或被压抑的情绪：

（1）

（2）

（3）

列出3个引发自我防卫或愤怒反应的诱因：

（1）

（2）

（3）

现在深吸一口气，看看你列出的清单，看清自己要面对的挑战。注意每个行为背后都隐藏着微妙的推理、模式和习惯。

工具包

01

在你开始学习自觉领导时，重要的是花时间来思考愿景。当你奔赴这一愿景时，未来的道路上将充满复杂的决定。在你选择下一步行动时，明确自己的价值观并一以贯之，这将使你言行一致、头脑清醒、方向明确。

02

每一个抱负的实现都是由众多微小的实际行动组成的，这些一个接一个的行动让你朝着理想的目的地稳步前行。这些行动构成了我们日常生活的全貌。长此以往，与其更加辛苦、更长时间地工作，不如学会利用目标、待办事项清单和时间表来规划你的前进道路，从而更聪明、更高效地完成工作和实现愿景。

03

沟通是人类所有活动的基础。通过制定合同和协议，你所做出的承诺将变成切实的生活体验。因此，清晰和准确的表达是非常重要的。你的承诺是前提，要使它与你的价值观和意图保持一致，做到不负承诺。

04

说“是”很容易，但拥有说“不”的能力却不容易。如果你想依靠言行一致、拥有恻隐之心和表现诚实正直来领导他人，那么明确的边界意识就显得至关重要。了解自己性格的所有方面有助于你活得坦荡和勇敢。自身最阴暗一面你都已经见识过了，因此不会再有什么事情能令你心生畏惧。

第2章

自我维护

虽然我们能够获得他人的支持和关怀，但在实现个人福祉的旅途上我们必须承担自己的责任。

作为一名自觉的领导者，你要注意以下要素：身体、心灵、能量和状态。

2008年，当跟随冥想老师学习时，我有些惊讶于在最初的3年里，我们的重点一直停留在自我维护上，这在当时对我来说似乎是自我放纵。老师提出的第一个建议是，我必须开始进行负重训练，这样才能做到静心和身心合一。虽然这和我期望的不一样，但我还是接受了她的建议。她带领我完成了一次修行，帮助我发现使自己的身体、心灵和状态变得更好的信息。

几年过去了，我变得更强壮、更健康、更专注，我发现自己静坐觉察的能力也在提升。我驾驭生活中各种复杂情况的能力增强了，而且开始知道如何在不断变化的环境中保持镇定自若，许多老师都描述过这种能力。我意识到健康是一切的基础，无论是在追求卓越方面，还是希望为家庭和工作做出贡献方面。

事实是，每个人都是需要精心呵护的。无论学习冥想是否适合你，这一课的内容是关于认识和积极利用自身资源的。如果你想了解如何让自己获得健康、充满力量、有韧性且拥有幸福的人生，那么首先要接受这一点，只有精心规划、全力以赴和持之以恒才能实现这一切。

虽然我们能够获得他人的支持和关怀，但在实现个人福祉的旅途上我们必须承担自己的责任。自觉领导者的目标是打理好自身的每个方面，当走进房间时，他们精力充沛，充满活力和创造力。他们能让其他人感受到热情与生命力，并实现难以达成的目标。

为了了解这一点，想象一下，今天晚些时候你充满激情地参加一个会议，却发现会议上正在进行着一场激烈的争论。你认为自己是否具备引导会议室里的能量从冲突走向平静的能力？或者说，你能保持多长时间的积极心态，不被争论中的负面情绪所感染？换句话说，你能在多大程度上保持你自己的状态，不被他人状态裹挟的概率有多大？在这一章中，我们将研究如何提升自己的精力，以便无论你在工作时遇到什么情况，都能保持自己的状态。

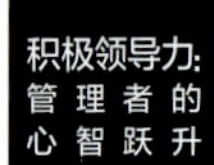

第5课　组建你的支持团队

你不可能一个人做完所有事情。任何肩负使命的人都需要一个强有力的团队。如果你是一名奥林匹克运动员，那么你会有一个精英团队不知疲倦地工作，助你保持最佳状态。团队里包括训练师、营养师、运动心理学家、按摩师、理疗师、医生，等等。

现在思考一下，不论是工作、为人父母，还是身为一名领导者，抑或是在其他方面，你是否也对自己有很高的期望。

在自觉领导模式中，健康和充满力量是卓越的基础。保持健康不是一种自私的考虑，而是为了让你感到精力充沛，这也会有助于你提升为家庭、朋友付出和认真工作的能力。一定要有几个特定的人能在健康和（或）状态方面给予你帮助，无论是教练、按摩师、瑜伽老师还是职业导师，这有助于你发挥自己的全部潜力。

我们很容易忽视自己的支持网络中早已存在的一些人。家庭成员、合作伙伴、最好的朋友、同事和宠物都可以是你亲友团的一分子。反思你目前的支持来源是什么，思考自己是否还需要更多的支持。这些都是重要的问题，最好尽早提出，而不是一直拖延。与我们直觉相反的是，投资健康的最佳时间是身体健康的时候。然后，健康就会成为一种习惯和资源，在面对挑战时发挥作用。

健康

你的支持团队中的关键人物是你自己。你是领导者、计划者、参与者，是那个投身于课程或练习的人。身体是意识的载体。虽然它富有创造力、灵活而强大，但如果你不愿意去协调和照料它，那么你就不会拥有强健的体魄。

+ 练习

你的支持团队中有哪些人？列一份名单，如果你觉得自己势单力孤，思考一下谁是你想要招募的人。你会从人生导师、治疗师、私人教练、虚拟助手、清洁工或其他人那里受益吗？听取值得信赖的朋友的建议，花费更多时间关注个人健康。

支持团队	招募名单

通过精心照顾自己的身体，你向别人展现了爱的能力。当你走进房间时，不用你开口，你的身体本身就是一种表达。它释放出了信息，即使你不发言也会给人留下印象。

这不是关于美学、肌肉或完美身材的问题，而是关于从你身体中散发出来的气场的问题。当你身心合一时，领导力便会体现出来，别人也会感受到。

作为一名领导者，你不能忽视自己的身体，一名自觉领导者要首先考虑自我关爱，然后将同样的尊重和关爱传递给周围的人。

季节性调整

我们应该随着季节的变化调整自己的心灵和身体。季节更替是一种非常有用和自然的提示，你可以据此考虑你活动的重点。一个健康计划应该包括令人精神振奋的食物和活动，这可以帮助你保持身体健康、拥有体力、增加灵活性和充满力量。记住历史悠久的阿育吠陀（Ayurveda）[①]修行中的同类相增（like increases like）和对立平衡（opposites balance）的原则。这就是为什么令人感到清凉的食物和活动适合夏天，而令人感到温暖的食物和活动适合冬天。

查看下面的季节性健康清单，反思你当前的目标，并思考是否需要对自己的日常工作做出调整。当下次季节更替时，再次回顾本节课的内容。

晨间惯例

在你的晨间惯例中加入体能锻炼，这将为你的身体赋能。我把这称为“有比没有好的锻炼”，因为它非常容易完成且不费时间，无须任何设备，并能保证你在每天开始的时候就动起来。

选择3种你熟悉的锻炼方式，每个练习重复10次就可以了。

有比没有好的锻炼

练习

10个俯卧撑

10个仰卧起坐

10次深蹲

① “Ayurveda”为梵文，由两个词组成：“Ayur”意指生命，“Veda”意为知识，因此“阿育吠陀”一词的意思为生命的科学。——编者注

冬季

重点：提升免疫力，化繁为简

锻炼目标：提升耐力和力量，热身和增强体魄

食物：吃丰盛的热食

饮料：喝草药茶

春季

重点：重置，更新

锻炼目标：净化身体和减轻负担，学习一门新的锻炼课程或加入一个新的锻炼小组

食物：吃清淡的食物，吃大量新鲜水果和蔬菜

饮料：喝水和新鲜的绿色果汁

秋季

重点：接地气，简化

锻炼目标：提升耐力和减压，在锻炼中引入恢复性的、减压的内容

食物：吃汤和让人温暖的香料

饮料：喝热水和热茶

夏季

重点：乐趣，共享，冒险

锻炼目标：提升灵活性，在相对凉爽的时间进行适度的锻炼

食物：吃富含水分的清凉食物，如沙拉

饮料：多喝水以保持水分充足

第6课 以正确的方式开发心智

运用意识

哲学家、科学家和心理学家为了“心灵是什么？”这个简单而深刻的问题争论了几个世纪。对我来说，最简单和最有用的定义是这样的：“心灵是一种意识。”而这种意识却意想不到的强大。

暂时闭上眼睛，试着找到自我意识的边界……

你的意识（心灵）并不局限于大脑，它是可以无限扩展的。因此，你无法找到自我意识的边界。

意识是知觉的核心，所以对于领导力来说，意识就是一切。你越清楚地意识到自己、他人和重要的事实是什么，你就越有可能采取正确的行动。然而，为了发挥自己意识的全部潜力，必须以正确的方式开发心智。开发心智的3个阶段如下：

（1）身心合一——身体在线。

（2）联结性——心灵在线。

（3）心智——智慧在线。

大多数人从未被教授过这一方法，总是不经过第一阶段和第二阶段就直接进入心智的阶段。当心智以这种方式应用时，它经常是孤立的、令人恐惧的和有局限性的。这种具有高度破坏性的心智会导致不明智或做出冷漠的决定、短视行为和提出效果有限的解决方案。

好消息是，每天都有越来越多的人通过简单的练习，学会充分利用自己的资源。下面的练习将帮助你确保自己也能做到这一点。

✚ 练习

这个练习的目的是当我们在应对挑战时，探索焦虑不安和镇定自若之间的区别。

焦虑不安

（1）想象当前正面对一个挑战。

（2）设置一个45秒的计时器，在闹铃响起之前思考如何应对这一挑战。

（3）记录结果。

还是刚才的挑战，遵循以下步骤：

镇定自若

（1）吸气5秒，呼气5秒。

（2）感受你踩在地板上的双脚。

（3）感受自己身体的重量。

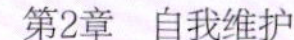

（4）用全身进行呼吸。

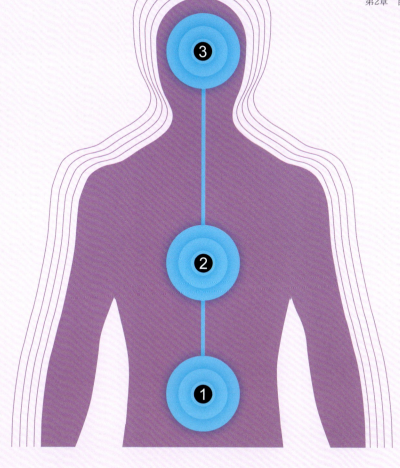

（5）感受身体的所有部位，感受心灵存在于身体之中。

（6）专注于感受自己的心脏，注意心脏的跳动和跳动的节奏。

（7）吸气5秒，呼气5秒。

（8）设置一个定时器，现在将注意力集中到你的挑战上，持续45秒。

（9）记录结果。

虽然前几次的尝试可能会令你感觉这个过程很麻烦，但要坚持下去。你会开始注意到，当能充分开发身体时，你的心智会得到更多启迪，变得更加机敏且富有创造力，你还会发现自己对他人和外界的影响力变大。你将与无限的心智相联结，从而获得完美的解决方案、意外的惊喜且做到正行。运用无限的心智，创意的产生和问题的解决将变得轻而易举。

消极偏见

你有没有注意到，你的大脑更热衷于关注你遇到的麻烦，而不是一天中发生的美好事情。这并不是因为你有什么问题，而是因为人类的大脑是以生存为主要动机进化的。这意味着，当美好的事情发生时，大脑不会过多关注，因为当美好的事情发生时，你是安全的，而大脑需要让你对危险保持警惕。用积极心理学家里克·汉森（Rick Hanson）的话说，大脑“对于积极情绪就像特氟龙（Teflon）[①]一样不留痕迹，对于消极情绪就像维可牢（Velcro）[②]一样令人念念不忘”。

在石器时代，如果你看到树后有一个可疑的东西，假定那是一只狮子并远远躲开，比以为那是一块石头，然后葬身狮口要重要得多。那时，人们遇到致命危险的概率较大。值得庆幸的是，在现代，对于我们大多数人来说，这种情况十分罕见。

然而，消极偏见在现代主要表现为两种不健康的心态：灾难化思维和反刍思维。

在这样的过程中，人的心智要么快进到未来（灾难化思维），要么沉思过去，进行重复、被动的思考（反刍思维），然而你的身体和神经系统会因此反复体验到压力，就好像这种压力在当下一遍又一遍地发生。这是因为身体无法区分想象的事件和真实的事件。

这既让人筋疲力尽，又徒劳无益。请记住马克·吐温（Mark Twain）富有启发性的话：“我这一辈子经历过许多可怕的事情，其中只有一些是实实在在发生过的。”

如果以上这些对你来说感同身受，并且你也想做一些新的尝试，下面这个简单、快速的练习可以让你获得新的视角并找回平衡的心态。

灾难化思维示例

那次会议太糟糕了！詹姆斯非常不满，他要向老板抱怨了。我明天一来就会被解雇，那我孩子上学的费用怎么办？我们得搬家了。我让家人失望了！我是个失败者！

反刍思维示例

那次会议简直是一场噩梦！我希望我没说过那样的话，哪怕随便说点别的什么也行。我为什么要那么说？这太不像我了。那次会议就是我的末日，我怎么会这么傻？我为什么要那样说？真该死！

---

① 特氟龙（Teflon）：聚四氟乙烯，通常作为不粘锅的涂层。——编者注

② 维可牢（Velcro）：尼龙搭扣，一种替代鞋带的粘扣。——编者注

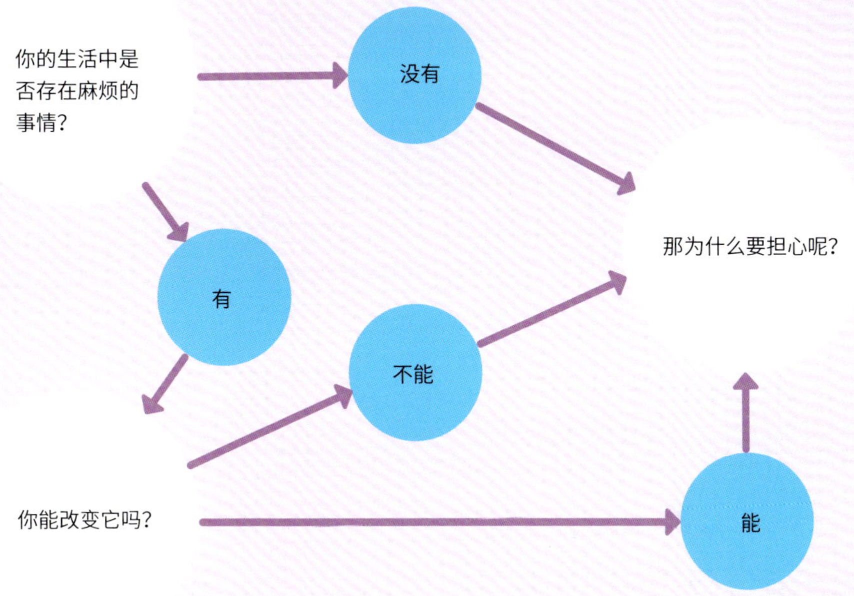
你的生活中是
否存在麻烦的
事情?
没有
那为什么要担心呢?
有
不能
你能改变它吗?
能

+ 练习

在一张纸的中间垂直画一条线，形成两列。第一列的标题是“情感宣泄”，第二列是“实际情况”。在“情感宣泄”一栏中，写下未经过滤的想法。

情感宣泄

我做不到。我不够聪明。我不知道我在做什么。我很懒惰。我已经无药可救了……

实际情况

在“实际情况”一栏，写下与该情况有关的所有事实。注意不要有任何假设、猜测或夸张，只能填写已知的事实。

我正在尽力而为。这是一个复杂的问题。我可以请求帮助。我没有掌握所有我需要的信息。我正在努力……

现在阅读左右两栏，写下3个接下来的行动计划。

下一步行动计划示例：

（1）告诉经理实际情况。

（2）要做到毫无保留和诚实。

（3）与詹姆斯和解。

当你身心合

力便会体现

也会感受到。

一时，领导

出来，别人

第7课　平衡能量

能量的边界

情景一

在漫长的一天工作之后，你正在遛狗。你很累，一边走一边用手机查看电子邮件。由于分心，你没有注意到人行道边上的一堆糖果。狗狗狼吞虎咽地吃了起来。当你到家时，狗爬到沙发上呕吐。你忍不住对狗大喊大叫。你花了一个小时清理沙发，最后筋疲力尽地躺在床上，但狗又呕吐了两次，把你吵醒了。第二天醒来时你脾气暴躁、疲惫不堪，眼冒金星地去上班。早上的会议就是一场恶战。到了上午9点半，你感觉自己已经没个人样了。

情景二

你正在遛狗，享受夜晚的空气。你把手机留在了家里，因为你想最大限度地与宠物增进感情，享受散步的乐趣。你警觉地牵着狗避免它误食一堆散落在地上的糖果。你回到家时感觉内心平静。你晚上睡了个好觉，第二天来到办公室，尽管晨间会议很有挑战性，但你成功处理了一个棘手的情况。你精力充沛地投入了接下来的

工作。

也许上述的情景让你感到似曾相识？面对多项任务时，人们很容易陷入注意力分散的陷阱，结果就是所有任务都完成得不太理想，引发使人筋疲力尽的连锁反应。解决方法是保持头脑清醒，专注于任务并保持警惕。如果能够做到这一点，我们就能高效且合理地分配我们的能量，并能很好地应对我们的现实生活。

来自身体的警告

人类的精神是没有边界、无限扩展的，这可能让人形成诸如“不断进取，永不止步”的态度。然而，人的身体是有极限的，虽然你的精神永不疲倦，但身体却会感到疲惫。它需要休息、滋养才能恢复活力。不仅如此，你的身体还会温柔地请求你的关注。

在一天的开始，你的能量池是满的。你可以把能量倾注于任何你喜欢的东西，休息一夜之后，你的能量池又会神奇地重新装满。你可以尽情挥洒能量，但不能在同一天、同一时间做所有的事情，这样会使你精疲力竭。

与许多真理一样，来自身体的警告既简单又明显：身体会悄悄地告诉你自己什么时候到达了极限。然而，你有多少次无视身体的警告一意孤行？当心这一点，留意当你对身体的警告理会或不理会时，分别会发生什么，这将有助于你根据自己的能量合理地分配任务。

压力和身体状态

谈到能量，重要的是要牢记压力和身体状态之间的关系。你可能见过下面的某个版本的压力 / 状态量表，这个量表告诉我们，你需要一定的压力才能有动力参与到各项活动中。压力较小时你会感到无聊和无所事事。尽管能在舒适区待一段时间是很好的，但偶尔换到伸展区对你来说也是有益的，因为只有在这里你的能力才会得到提高，即使压力会越来越大。

当你在压力区停留过久时，问题就来了，这时你的身体状态开始下降，如果压力进一步增加，你就会受到感官刺激（进入错觉区），这时你的身体状态和健康都可能受到很大影响。承受过度的压力，会有油尽灯枯的风险。

问题

· 思考你的大部分时间处于压力 / 状态量表上的哪个位置？

· 你目前的能量消耗是否可持续？

· 你使用能量的习惯是否合理？

· 如果有必要进行重新调整，你需要审视哪些选择？

平衡能量消耗和恢复

你的日常能量分配的任务之一是确保你在消耗能量的活动和恢复能量的活动之间取得平衡。消耗能量的活动是那些让你的能量剩余较少的活动，如工作、照顾孩子、浏览社交媒体、焦虑，等等。恢复能量的活动是那些让你精力更充沛的活动，如睡觉、冥想、做瑜伽、与好朋友在一起或亲近自然，等等。同时也要考虑到，一些人需要你更多的精力消耗，而另一些人则会让你精神振奋。有些人觉得跑步是一种巨大的能量消耗，而对于其他人来说，跑步则能够恢复精力。明确每项活动对你能量影响的情况是实现能量持续平衡的重要一步。

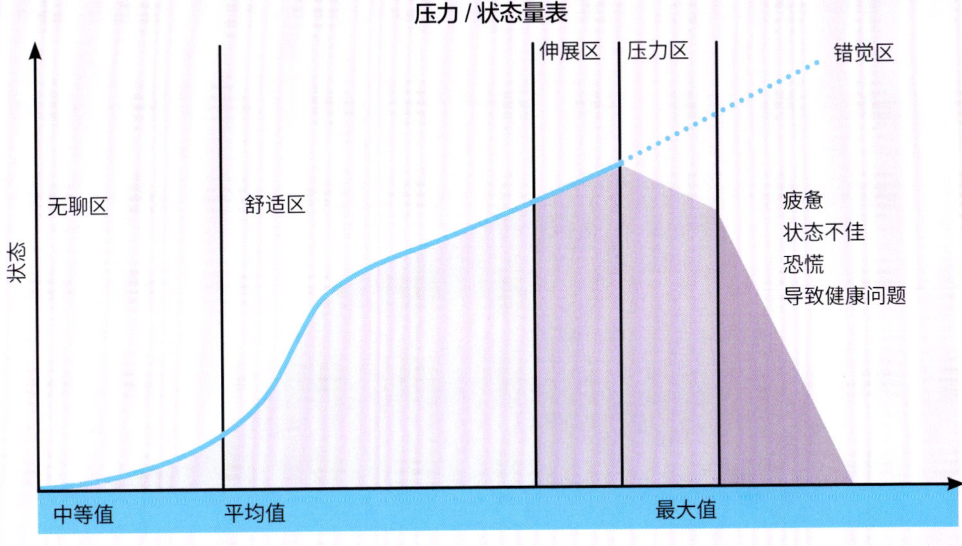

＋ 练习

列出你过去24小时内的所有活动，把它们写到消耗栏或恢复栏中。在每周进行3次以上的恢复性活动下画线。为了更好地管理你的能量，思考下你可以做出哪3个小改变。

消耗	恢复

3个小改变

（1）

（2）

（3）

第8课　做到身心合一

在一本名为《都柏林人》（*Dubliners*）[1]的短篇小说集中，詹姆斯·乔伊斯（James Joyce）[2]在一个故事［《憾事一桩》（*A Painful Case*）］的开头写道："达菲（Duffy）先生有点魂不守舍。"仅仅用了10个字，乔伊斯就捕捉到了现代人的精神危机之一：魂不守舍。事实上，许多人有精神与肉体的分离感和断裂感。

然而，身心合一是提高身体状态的关键。当短跑运动员进行热身时，他们将意识带入身体，激活他们的四肢，为即将发生的剧烈运动做好充分准备。当他们踏上起跑线时，他们将身体和心灵完全联结起来，以至于当发令枪声响起时，他们的腿和脚会做出本能的反应，当心灵和身体融为一体时，他们会体验到一种几乎超然的感觉。

身心合一就是将意识栖居在身体里，通过意识来体验和理解现实的行为。然而，当身心无法合一时，你的精神只停留在大脑，而身体只是四处移动的笨重躯壳。这就是为什么最常见的正念练习是"身体扫描"，它鼓励人们从脚到头逐一扫描，用以察觉身体感受。这个练习通常对于初学者来说是相当具有挑战性的，因为他们以前可能没有以这种方式感知过身体。在早期练习中发现的最普遍的事情之一是，身体的很多地方感觉空虚或麻木。

虽然你可能会觉得进行身心合一的练习很怪异，但是你应该努力探索并坚持下去，这样你才能联结并激发人体的全部能力。如果你不能做到身心合一，就无法实现自觉领导。

---

① 《都柏林人》是詹姆斯·乔伊斯久负盛名的短篇小说集，以15个故事汇集起来构成了一幅印象主义的绘画，展现了苍凉世态，遥远、清冷，然而精致。——编者注

② 詹姆斯·乔伊斯：爱尔兰作家、诗人，20世纪最伟大的作家之一，后现代文学的奠基者之一，其作品及"意识流"思想对世界文坛影响巨大。——编者注

身心合一的术语

在你学习身心合一时，理解以下的术语会很有帮助。

内感（Interoception）是指你对体内发生的事情的感知。内感可能是微妙的、模糊的、具有挑战性的、痛苦的、持续的或短暂的。

本体感（Proprioception）是指你对自己的身体在空间中相对于物体和他人位置的感知。无论你是在电影院里寻找你的座位、在拥挤的房间里穿梭，或者在篮球比赛中运球过人时依靠的都是本体感。

外感（Exteroception）是指在你身体之外发生的事情。比如你在做电子表格、看电影或听有声书。

本节课的重点是提升我们的内感。

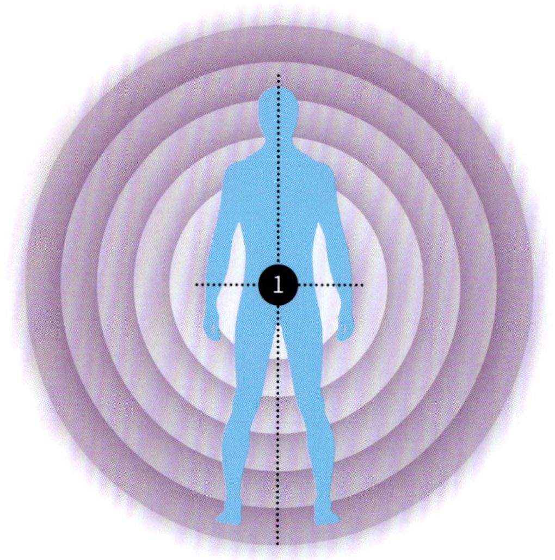

熟能生“静”

下面的练习将帮助你探索身心合一。定心练习（centring practice）将让你在重要且具有挑战性的场景中达到最佳状态。你不妨在下一次演讲、业绩汇报之前使用它。

“身体扫描”是一种让很多人找到平和心境的练习法，让你注意和反思体内经常被忽视的信息（感觉、图像、感受和想法）。最好在晚上练习“身体扫描”，这能让你以一种不同的，也许是全新的方式来整合一天的体验。

实践1：定心

这是一次简单而强大的身心合一的修行，在任何你需要让自己专注的时候都可以进行。它的灵感来自领导力专家理查德·斯特罗齐－黑克勒（Richard Strozzi–Heckler）[①]的研究。最开始的几次练习要慢慢来。一旦熟悉了这样的练习，你就能更快地完成它。我喜欢在开会或发表演讲前做这个练习。它让我实现了对自身所有资源的联结，令我头脑清醒。

（1）重量：站起来，感受身体的重量，并感受地球引力。

（2）高度：专注于身体的舒展。把你的意识带入身体。你可能会感受到一种长高的感觉，脊柱自然成一条直线。

（3）宽度：专注于身体从左到右的宽度。宽度象征着你对空间的占据。适应身体的舒张。

① 理查德·斯特罗齐－黑克勒（Richard Strozzi-Heckler）：美国作家，研究“具身领导力”。——编者注

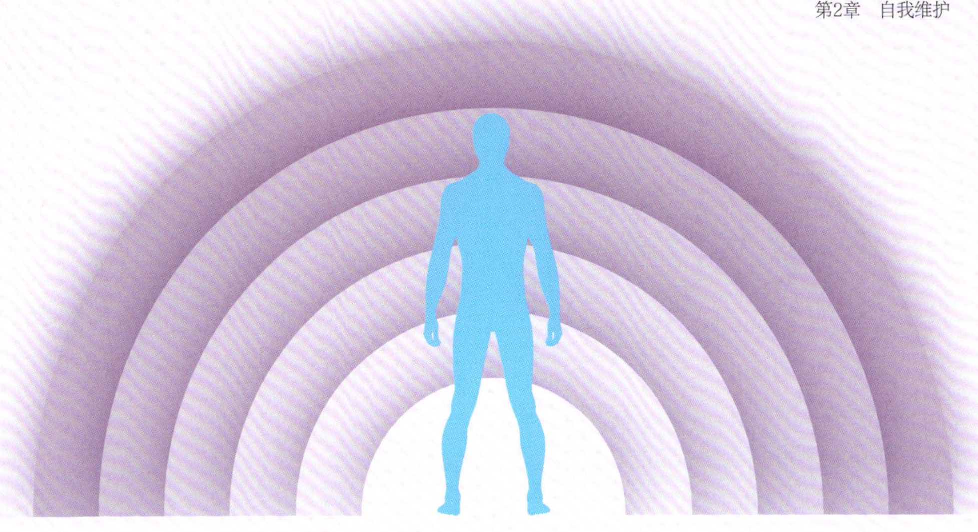

（4）深度：专注于腹侧（前）到背侧（后）的深度。深度带来了时间的概念。回顾你过去所有的时刻以及曾经的经历。畅想所有未知的未来时刻和你的无限潜力。

（5）意念：专注于自己的想法。在这一刻，你的想法是什么？

实践2：身体扫描

记住，身心合一是最自然的状态，你只不过是在寻找已经存在的感觉。麻木或没有感觉的体验以及其他任何感觉都一样值得关注。重复练习，提升你对体内感觉起伏和变化的敏感性。

（1）舒服地坐着或躺着。

（2）首先把意识集中到脚和脚趾上。此处有什么感觉？如果你愿意，卷起脚趾，然后放松。此时你能感觉到什么？

（3）做几次深呼吸。

（4）按照你自己的节奏，沿着身体向上走，感受每个部位的感觉。如果你愿意，可以试着绷紧和放松你的小腿、膝盖、大腿、骨盆、腹部、胸部、背部、手臂、手、脖子、头、头皮。慢慢来，在继续下一步之前，暂停一下，做几次深呼吸。

（5）当你完成对身体的扫描后，有意识地进行3次深呼吸。

（6）以当下的意识为意念，看看你是否能感受到心灵和身体的结合。

在你结束练习时，如果你愿意，在你的笔记中画出自己身体的简单轮廓，用文字、线条和你自己的创造力记录下刚才的体验。

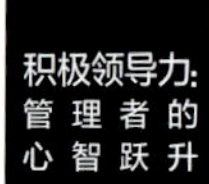

工具包

05

对于自己的这副身体，我们有很多的需求，但有时却忘记了对自己的健康、能量进行投资。自觉领导者不会拿自己的身体不当回事，而会关爱自己的身体，以便向世界展示最好的自己。

06

善于驾驭心灵，对于领导者来说是至关重要的。对心灵和意识的深入探索不仅使我们直面自己的忧虑、消极偏见和最坏情况，也让我们学会借助心智发挥最大潜力。

07

管理你每天的能量配额，以统筹短期任务、中期目标和终身健康。这是一个相当棘手的问题。通过了解哪些活动会消耗和恢复你的能量，了解自己的能量何时会耗尽，并使自己保持能量平衡。你可以拼尽全力，只是不要在一天内就耗尽所有的精力。

08

身心合一是指你用意识控制身体的技能。当你做到身心合一时，你能与自己的内部信息资源相联结，时刻专注于自己的意念和行动。身心合一可以通过简单的练习来实现，如“定心”和“身体扫描”。

第3章

自我管理

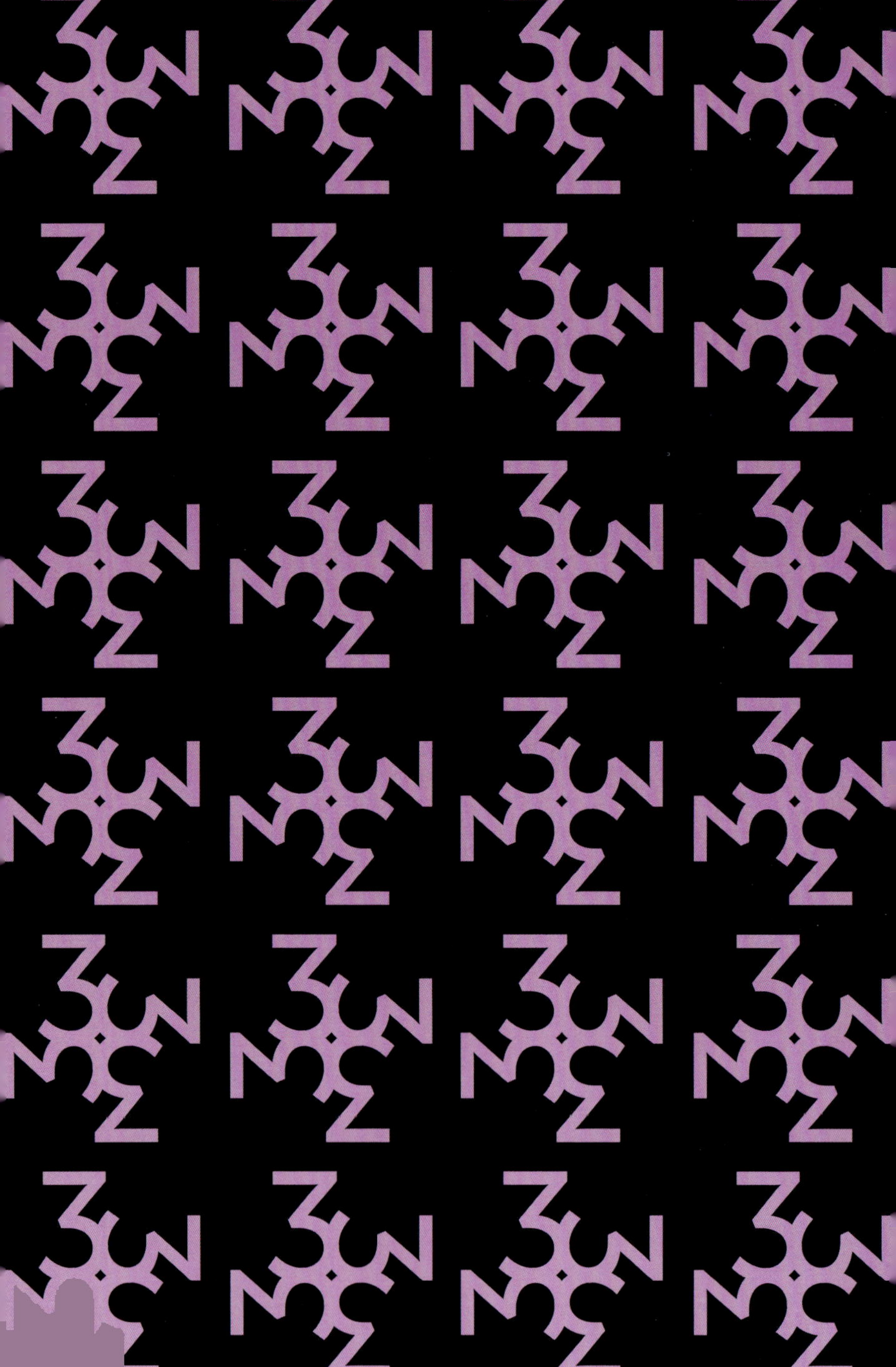

随着自我管理能力的提高，你将能够在面对挑战性的语言、思想和行动时，保持沉着冷静。

作为一名领导者，无论是在工作上还是在家庭中，所有人都在注视着你。当你应对一天的挑战时，化惶恐不安为镇定自若；化束手无策为机智百变；化矛盾冲突为解决方案的能力（特别是当你身处于聚光灯下时），决定了你作为一名领导者的效率。

正是在这些充满冲突的时刻，真正的领导力要么显示出来，要么消失殆尽。这也是考验你的愿景、价值观、目标和意念的时刻。

在心理学中，“容纳之窗”描述了人们有一个最佳的、人体能够有效运作的觉醒区域，在这个范围内，允许情绪起伏。这个概念帮助我们认识到生活中常见的各种环境和情况，通过熟悉这些环境和情况，我们不光可以保持情绪稳定、心平气和以及积极高效，还能认识到其他把我们推离容纳之窗，令我们失控的事件。

就自我管理而言，自觉领导者会寻求切实可行的方法来拓宽他们的容纳之窗，以便更好地应对来自高压环境的挑战。毕竟，当倒霉的事情发生时，当需要宣布重大变革时，当必须做出艰难的决定时，其他人都会指望你。他们或许认为，在场的所有人中，只有你才有能力在艰难时刻稳定大局。

这就是驾驭风云变幻的能力，也是你成熟稳重和诚实自律的体现。这是一种你可以通过自我练习传递给别人的东西，也是你不用开口人们就能感受到的东西。

如果这是一个你希望发展的领域，欢迎与我们同行。请放心，你有志同道合的伙伴、正念等其他工具作为重要支撑。正念会教你如何在恐惧、惊慌、忧虑、混乱和困惑等困难情绪中找到安全感。假以时日，正念能让你把自己的容纳之窗开得更大。

随着自我管理能力的提高，你将能够在面对挑战性的语言、思想和行动时，保持沉着冷静。

第9课　评估并提升抗压能力

如果有一个神奇的按钮，可以使你生活中的所有压力消失，你会按下它吗？

美国斯坦福大学的健康心理学家凯利·麦格尼格尔（Kelly McGonigal）[①]说："当你在乎的事物受到威胁时，压力就会随之而生。"仔细体会这句话，然后重新考虑上文的那个问题。

在你回答之前，想一想如果要让你的生活真正没有压力，还有什么东西必须消失。如果你的压力来源是你的孩子，父母或宠物，自己的壮志、希望和梦想，那么按下这个神奇的按钮很可能会将他们全部抹杀。事实上，根据麦格尼格尔的定义，压力的反面不是喜悦、幸福和安宁，而是冷漠，因为你的人生寡淡到了没有任何事物可关心的悲哀地步。

通过对压力的重新诠释，我发现这个定义有力地替代了人们通常对压力的负面理解。它提醒我，一个美好的人生必然包括对许多珍贵事物的关心，而这种关心的代价是承受一定程度的压力。两者如影随形，缺一不可。

这使得我们能以更强的能力和更富有同情心的状态来应对生活中的压力。与其试图消除压力，不如用新的视角来看待压力。恕我冒昧，我们应该找到对压力的欣赏感。

下载你的压力云

大多数人都生活在压力的阴云之下。这片云充满了你尚未完成的一切，包括工作和家庭中的所有怨言、你对财务状况未知的恐惧、对健康的担忧，以及日常生活中所经受的考验和磨难。

缓解你当前"压力云"的最好方法之一是列出你所有的压力源，让自己有时间退后一步，审视当前的情况。根据健身和健康顾问金伯利·贝萨妮·博努拉（Kimberlee Bethany Bonura）博士的研究，我们开发了下面的练习。

① 凯利·麦格尼格尔（Kelly McGonigal）：美国心理学家，著有《自控力》。——编者注

+ 练习

注意：这个练习的目的是为你提供新的视角，而非治疗。如果你正处于创伤期，你可能会发现下面的练习令人不安。当你练习时若感到不适，请适可而止，你也可以寻求专业人士的帮助或直接跳过此练习。

（1）阅读关键词。

（2）将目前大大小小的压力都分配到相关的象限中。

（3）思考下方的问题。

关键词： 创伤 生活中造成严重痛苦和困扰的事件	烦恼 工作的最后期限，低级别的人际关系问题，财务问题等
杂务 日常家务	刺激物 脚跟上的水泡，野餐时爬上垫子的蚂蚁等

请回答以下问题：

（1）完成练习后，你觉得压力更大了还是更小了？

（2）你认为这背后的原因是什么？

（3）你是否有足够的支持来处理你目前正在经历的事情？如果没有，你是否有可以求助的人，或者你是否能做出新选择？

（4）在你自己的表格中，有什么值得庆幸的地方吗？例如，你可能注意到自己目前并没有经历什么严重的创伤。

虽然这个练习可能会让一些人感觉压力更大，而另一些人可能感觉更轻松，但总体的好处是获得新的视角。退一步看问题，可以让你觉得自己并不那么认同焦虑、消极的想法，并为做出明确的决定和选择明智的行动创造了空间。

新视角的馈赠

从不同的视角看待自己目前的情况，可以帮助你更清楚地看到自己下一步正确的行动可能是什么。如果你正在经历创伤期，且还没有寻求帮助，那你可能会获得一些启发。在遭受创伤的时候，我们需要求援，借助于支持团队的帮助。如果你感到被生活中不可避免的麻烦和琐事所累，那么培养一种健康的心态则至关重要，因为研究表明，相对于重大创伤来说，你对日常麻烦和问题的处理方式能够更加准确地判断自己是否焦虑和抑郁。最后，如果压力让你不堪其扰，正念能指导你让它们消失。不妨试试做第13课的练习。

杏仁核劫持

想象一下，你正在向高管们介绍你的团队进展和下一季度的发展计划。你正在大谈特谈最近取得的成功、未来的资源需求和高水平的未来规划，这时你的经理插话说："这不是我们想看的。数据在哪里？如果一点儿具体信息都没有，那这些漂亮的幻灯片意义何在？"

尽管最后几张幻灯片上有经理想要的数字，但突然的打断和咄咄逼人的语气加剧了你的焦虑感，你发现自己的手心在出汗，脸在变红，你拼命在想自己该怎么做出解释。如果你曾遇到这种情况，那就是"杏仁核劫持"，克服它需要自我调节和抗压能力，这是自觉领导者应该具备的关键技能。

情绪控制技术

"杏仁核"是大脑中两个呈杏仁状的结构，它们作为你身体的报警系统十分高效。当感知到危险出现时，为了求生，杏仁核就会启动一系列优化你的身体和大脑的反应。这包括从你的前额叶皮层（前额叶皮层负责理性思维、决策，具备高阶大脑功能）调取资源，以供肌肉和其他重要器官之需。如果有一只老虎闯进房间，这种反应是适当的，但如果只是因为报告遇到困难或被陌生人批评，这种反应就小题大做了。在这些情况下，就需要你的前额叶皮层充分运作，以做出最适当的反应，这就是为什么要围绕压力反应建立自我意识，学习调节自我意识的技能。

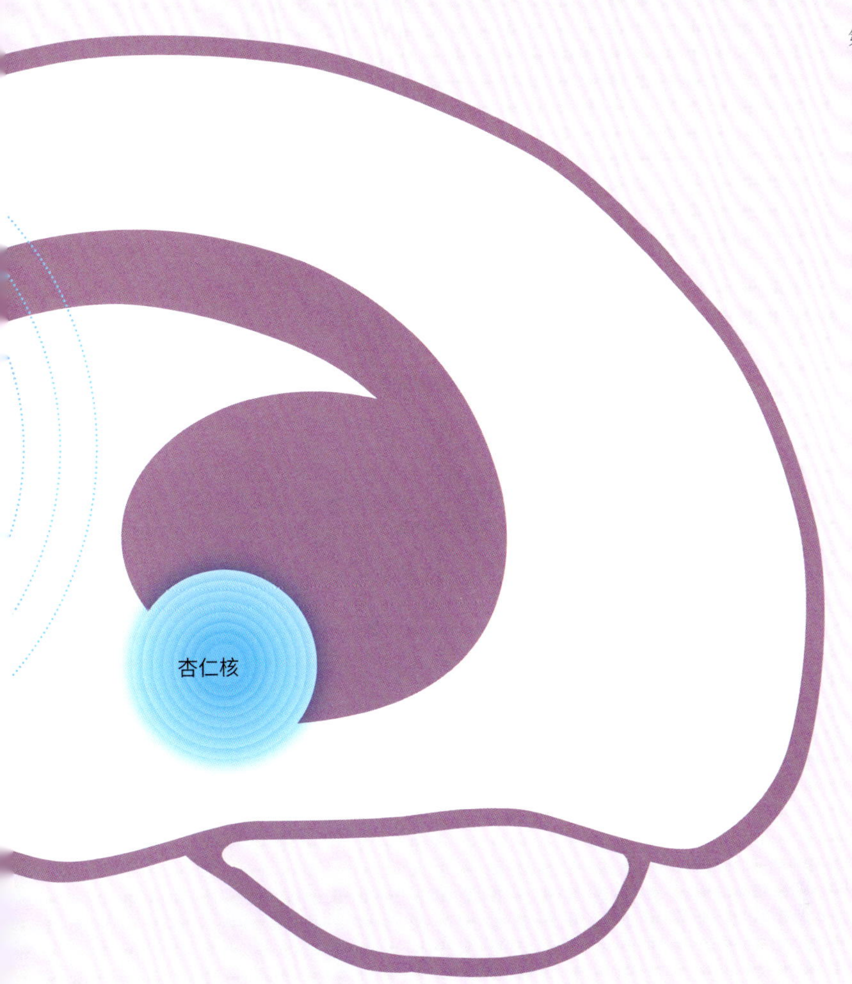

实践

情绪控制技术是基于正念减压疗法课程的小练习，能够帮助你在压力很大的情况下重新获得清醒的头脑和平静的情绪。

当你意识到自己的杏仁核开始行动时，首先问问自己：我是否有生命危险？

如果答案是否定的，那么尝试下面的4个步骤：

（1）停止恐慌，感受双脚踩在地板上的感觉。

（2）有意识地呼吸，有意识地吸气、呼气和放松。

（3）觉察身体内部和外部的情况。想想是否有转机。

（4）确认自己是否有所好转，若没有，则再来一次。

第10课　轻松应对变化和不确定性

生活中有些时候，不确定性因素会增加。如离婚、裁员、为人父母、搬家、开始新的工作等。虽然这些事件之间差异巨大，但每件事都需要你在身处其中时保持镇定。

然而，无论人们多么讨厌变化和不确定性，它们都不会消失。事实上，变化和不确定性反而构成了人类经验中一些更为可靠的方面。既然如此，对于生活中这些确定存在的麻烦，什么才是高效、实用的应对方法呢？关于这个问题，有许多蕴含着古代智慧的谚语。以这句话为例：

人无法阻止潮起潮落，却可以学会乘风破浪。

这句话给出的建议是，不要把你的境遇寄托在他人和客观环境中，而是掌控自己，灵活运用你的机智、创造力来应对变化。毕竟，冲浪的诀窍不在于找到一片没有风浪的海洋，而在于找到自己内心的平静点，这样就能享受冲浪的过程。

生活是一个不断修行的过程，你会从中心逐渐偏离，然后再回到中心。每次跌倒，你都会重新站起来，变得更聪明、更熟练、更专业。这种对内心的了解和探索以及不断找回定心的勇气是实现自觉领导的必经之路。

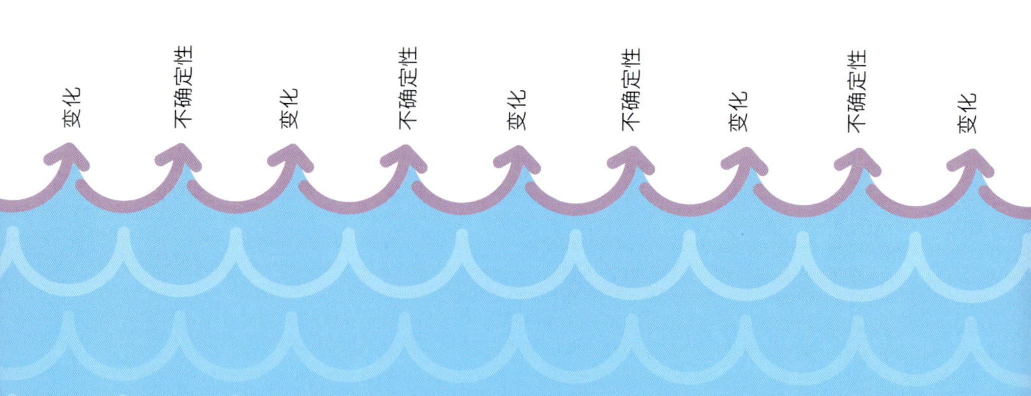

+ 练习

大脑的消极偏见使你相信任何对现状的改变或不确定因素都会带来麻烦。下面的练习旨在摒弃这种想法，并证明生活中没有所谓错误的道路，所有的道路都蕴含着经验和智慧，特别是当我们以乐观积极的态度看待这些道路时。

（1）列出你经历过的3个曾经让你忧心忡忡，但结果让你喜出望外的重大变化。

（2）列出让你吸取了重要教训的3个错误。

（3）想一想生活中正在发生的一个改变，你可能对其抱有抵制态度。实事求是地考虑一下，你能如何减轻自己的抗拒心理，拥抱这一变化，即使这样做会让你感到害怕。

拥抱变化

蜕变的过程并不总是美丽或愉快的。你是否曾为毛毛虫化茧成蝶而感到惊叹不已？当毛毛虫开始结茧时，它并不知道自己会变成什么，但还是义无反顾。毛毛虫会为了未知的未来全力以赴，甚至愿意牺牲自我。事实上，如果你曾经看过处于蜕变中期的蛹，你就知道那是一团黏糊糊的物质，这很容易让你以为毛毛虫已经遭遇不幸。但是并没有，这个过程正在完美地进行。

化茧成蝶的过程表明，变革过程中的某些时刻，尽管看起来没有那么美好，但一切都在有条不紊地进行。你对这个过程的信任象征着对变革进程更深层次的接受，你越是致力于个人发展和进步，这一点就越是重要。

领导者必须在某个时刻实现突破，发自内心地接受改变，并激励他人也接受改变。迪帕克·乔普拉（Deepak Chopra）[①]的话有力地肯定了这一点："事情看起来越不确定，我就越有安全感，因为不确定性是通往自由的道路。"

① 迪帕克·乔普拉（Deepak Chopra）：印度作家，著有《不老的身心》。——编者注

实践

想象一下，你的雇主突然宣布公司将与另一家公司合并，你和你的整个部门将被解散。面对这一消息，你可以采取哪些积极措施?

1.“锚定”自己

当感觉一切都在发生变化时，请记住，这个时候你反而可以欣赏到生活中稳定的方面，例如你的伴侣、家庭、读书会、健身课，等等。继续在这些事情上投入时间。

2.接受你的处境

尽管这可能是最难做到的事情，但在任何有价值的事情改变之前，请从接受你目前的状况开始，因为接受是现实的支点。

3.自我关怀

在经历变化的阶段给自己更多的关怀非常重要。可以吃美味的食物让自己的内心感到踏实和满足，或尝试联系自己的老朋友，也可以预订一次自己一直想要做的按摩。

4.投资你的技能

现在是一个绝佳时机，你可以利用公司提供的一切培训课程，甚至可以考虑参加公司以外的相关培训项目。确保及时更新自己的简历，并用它证明自己的实力。修改你久未使用的求职信。

5.不要停下自己的脚步

改变可能会使人迷失方向，因为你不可能预见每一个结果，所以要确保自己的路径清晰，然后回归到原有的问题上：我下一步的行动是什么?

6.睡一觉再做决定

当你经历变化的时候，不要急着做决策。如果你的内心已经做出了一个重大的决定，那就先睡一觉，第二天早上再确定是否仍然坚持做这个决定。

7.聆听

找一个安静的时间，做几次深呼吸，思考一下这个问题：既然改变已经发生，我得到了什么启发?

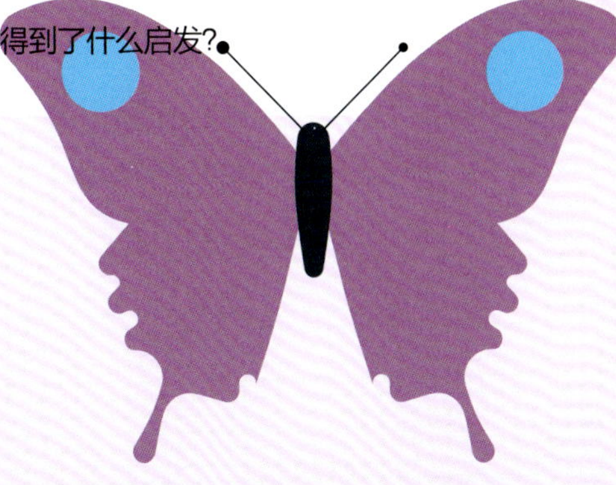

保持定
觉领导
能力。

力是自

的必备

第11课　提高情商

21岁时，苏（Sue）进到了一家充斥着大男子主义文化的公司，她很快意识到，在公司里富有情感等同于性格软弱，冷漠等同于力量，实用等同于价值。经历了最初几年的焦虑后，她学会了忽视自己的情绪，并下意识地将自己对公司的价值与成功完成工作的能力捆绑在一起。现在，42岁的苏发现自己有时在工作之外的场合很难与他人和谐相处，她的伴侣经常抱怨她冷漠无情。

这种经历并不罕见，很多人都有和苏一样的心态。不幸的后果是，一代又一代的人在进入职场后，舍弃了自己的情感。而在这种对情感价值的否定过程中，他们斩断了个人发展过程中最宝贵的资源之一——情商。

情商是你识别、管理和处理自己和他人情绪的能力。如果否定情绪的作用和重要性，人类就会变得唯利是图、自我封闭和冷漠自私。

1985年，情商才被确定为一个学术研究领域，情商及其在领导力方面的应用是后来才出现的。1998年，丹尼尔·戈尔曼（Daniel Goleman）对情商做了如下论述：

情商是领导力的必要条件。如果没有情商，即便一个人接受世界上最好的训练，拥有敏锐、分析能力强的头脑和无穷无尽的聪明想法，他仍然不可能成为一名伟大的领导者。

从那时起，提高情商就成了领导力训练的首要目标。和其他技能一样，只有不断培养情商，我们才能从中受益。

情商是人和人之间的分水岭

你的同龄人很可能和你一样聪明，甚至比你更聪明。那么，一旦你踏入职场，情商就决定了谁才是能大显身手，步步高升到管理和领导岗位的那个人。

阅读下文情商体系（改编自权威专家丹尼尔·戈尔曼提出的体系）中的情商实操内容，你很快就会明白其中的道理。

情商体系

自我意识

· 情感上的自我意识
· 准确的自我评估
· 自信，自我关怀

自我管理

· 情绪的自我控制，表里如一，抗压力强
· 适应能力强，能够主动出击
· 乐观，具有主观能动性

社会意识

· 同理心，组织意识
· 对他人有同情心
· 有服务意识

关系管理

· 包容性，团队精神，合作意识
· 有感召力，变革的催化剂，有影响力
· 善于冲突管理

情商实操

重要的是要记住，情商的体现可以归结为行动和语言的精心选择。实际上，这意味着在你下次感到受到挑战时，略做考虑再决定如何应对。参考下面的例子。

高情商的做法：

· 不要小题大做

· 停止抱怨

· 追求利益

· 承认自己的错误

· 意识到自己给别人造成的痛苦

· 对自己的行为负责

高情商的表达方式：

· 真诚地道歉：对不起，我惹你生气了

· 坦诚请求：能请教一下你为什么这么考虑吗

· 感谢：感谢你为我做的一切

· 请求与对方交流：我们可以谈一谈吗

· 得体地表达情感：发生这样的事，我很难过也很愤怒

提升情商的感觉：

· 当你刚抛弃旧的行为模式时会感到很困难、害怕，找不到方向

· 但当你学会新的与人相处的方式时会获得力量感、踏实感、专注感、稳定感

高情商的特质：

· 稳定

· 欣赏

· 感恩

· 宽恕

· 怜悯

· 开放的心态

· 临在意识

· 灵感

· 智慧

处理负面情绪

也许你和我一样，善于处理快乐、开心方面的情绪，但觉得处理愤怒、悲伤和恐惧的情绪有点棘手。但是，如果你可以和我一样保持开放心态来处理这些更具挑战性的情绪和状态，让自己体验和处理此种情绪，那么会怎么样呢？

科学家们发现，当情绪被压抑时，情绪从产生到消散需要90秒的时间，如果你选择清空思绪，生成新的想法，这会再次引发情绪。这说明了，人类的身体善于处理情绪，而人类的心理却做不到这一点。于是，灾难性思维和反刍思维（见第6课）会再次影响我们。

实践

1. 接纳

当你感受到负面情绪时，首先接纳它们的存在。谨记正念的格言：接纳先于改变。

2. 面对

如果你的负面情绪是可以控制的，试着直面这种感觉，让自己认识和感受它们，把它们带入意识中。记住，如果感觉负面情绪太过强烈，你可以选择放弃，这样做能够减轻你的抗拒心理。

3. 命名

对于这种情绪，你会给它贴上什么样的标签？这个标签不需要完美地体现情绪。给情绪取一个名字可以让你退后一步，获得新的视角。例如：这是悲伤；这是遗憾；这是迷茫等。

4. 表达

将你的情绪表达出来，让情绪在你体内自由游走并释放出来。如果你是独自一人，可以用声音表达你的情绪：喘息、哀号、大笑都可以。或者，用一张白纸画出你身体的轮廓，用阴影、线条、文字和涂鸦来表现出你的感受，并且画出你体验到这种情绪的身体部位。

5. 聆听

情绪并不总是像你所想的那样有意义。有时它只是一闪而过，偶尔也会启迪智慧。仔细聆听方能做出判断。

第12课 学会自我关怀

什么是自我关怀？简单地说，自我关怀是一种与自己交谈和相处的技巧。

乍一看，你可能不认为自我关怀与自觉领导力或卓越之间有什么关系。在你积极领导他人的时候，自我关怀的想法可能会让你感觉自私或任性，而且自我关怀总是与软弱、自怜和不求上进联系在一起。

现有研究已经推翻了所有这些错误的、先入为主的观念。事实证明，练习自我关怀可以增强意志力和内在力量，帮助你驾驭日常生活中的起起落落。自我关怀还与提升幸福感、积极性关系紧密，更重要的是，它会让你更加关心他人。现在你应该明白，自我关怀听起来更像是一种优秀的领导特质（与提高情商有关）。

请记住，领导者应该通过自己的行动和语言激励他人。被领导的人需要与领导者之间有相同的品性和基本相似的目标。领导者可以通过训练自我关怀的能力来扩大影响力。这样做的好处是：其他人能感受到领导者对自己的关心，并且把这种关心自然地施于其他人身上。

自我关怀的探索

如果自我关怀是以善良和友好的方式与自己相处的技能，那么我们何不都培养这种特质呢？研究表明，我们中的许多人都在为此而努力。

下面的写作练习有助于探索目前你与自我的关系，因此当你感觉专注且头脑清醒的时候，不妨尝试一下这个练习。自我关怀是可以激活的，如果你今天过得特别不顺利，请以后再来做这个练习，或者在朋友或专业人士的陪伴下再做尝试。

+ 练习

认真思考下面每个问题，将答案写在笔记本上。

（1）想象一下，一个好朋友正在为个人问题而苦恼，因而向你求助。

· 你会对他说什么？

· 你会用什么语气说话？

· 你会使用什么样的肢体语言（想象自己当时的样子）？

（2）现在想想一些经常让你感到苦恼的行为，不管是工作上的，还是与身材、自信有关的，任何事情都可以。

· 你会对自己说什么？

· 你会用什么语气说话？

· 你的体态是什么样的？

· 你自己对这些话做何感想？

· 如果你在这种情况下对自己提出批评，那你能对被批评的自己写一些富有同情的话语吗？

（3）思考提出批判观点（通常被称为“内心批评者”）的动机可能是什么。

（4）你能对内心批评者写下任何同情之词吗？

（5）在练习的最后，给自己写一些同情之词。

为什么要培养自我关怀的能力

你可能已经注意到，你的大脑里存在着一个强大的内心批评者，对于你的努力和善意，他没有半点欣赏，却总是指出你的不足、卑微、失败和不够资格。你在面对威胁时会产生心理应激反应。下表说明了战斗、逃跑、冻结反应会如何转化为内在的破坏性行为。

威胁应激反应

战斗	自我批评（内心批评者）
逃跑	孤立（自我强迫）
冻结	胡思乱想（过度认同）

与其陷入习惯性的自我批评模式，不如告诉自己：

· 我正在尽我所能。

· 这件事很难。

· 我要处理的事情很多。

· 我正在努力，但需要一些帮助。

· 我没有做错任何事。

· 我没有人身危险。

· 我有爱我的人。

· 我可以向他人寻求帮助。

· 我会渡过这个难关的。

· 我会好起来的。

记住，到目前为止，所有的艰难岁月你都挺过来了。这一次，你也会平安度过的。

实践

“舒缓（Soften）、安抚（Soothe）、接纳（Allow）”是由心理学专家克里斯汀·内夫（Kristin Neff）开发的自我关怀练习法。当某一天过得很不顺或感到不堪重负时，你可以尝试这个练习。

舒缓

尝试接受你自己的体验。允许自己感受到痛苦、负面情绪或伤害。专注于呼吸。

安抚

把一只手或双手放在身体感觉不安的部位上，或者干脆握住自己的手。想象你是在照顾你所爱的人。

接纳

如果感觉没大碍，允许自己打开心扉，多感受内心的情绪。如果感觉情绪过于强烈，你可以随时停下来。提醒自己，你是人，你正在富有同情地关心和照顾受伤的那部分自我。

关于两株植物的实验

2016年，宜家（Ikea）赞助一所学校进行了一项富有创意的实验，实验内容是给两株相同的植物提供等量的水和阳光，但实验者对其中一株植物播放学生说它坏话的录音，而对另一株植物播放包含积极的、肯定的话语的录音。实验者还让路过的学生嘲弄其中一株植物，赞美另一株植物。

实验结果显示，被负面情绪影响的那株植物长势很不好，而得到积极反馈的那株植物却明显长势良好。实验的重点并不在于实验的结果是否真的有科学依据，而是在于让学生们看到一株植物的枯萎，另一株植物的欣欣向荣，这给他们上了关于霸凌对人的影响的生动一课。

现在，回想一下你在痛苦时对自己说的那些话。你是哪株植物呢？

工具包

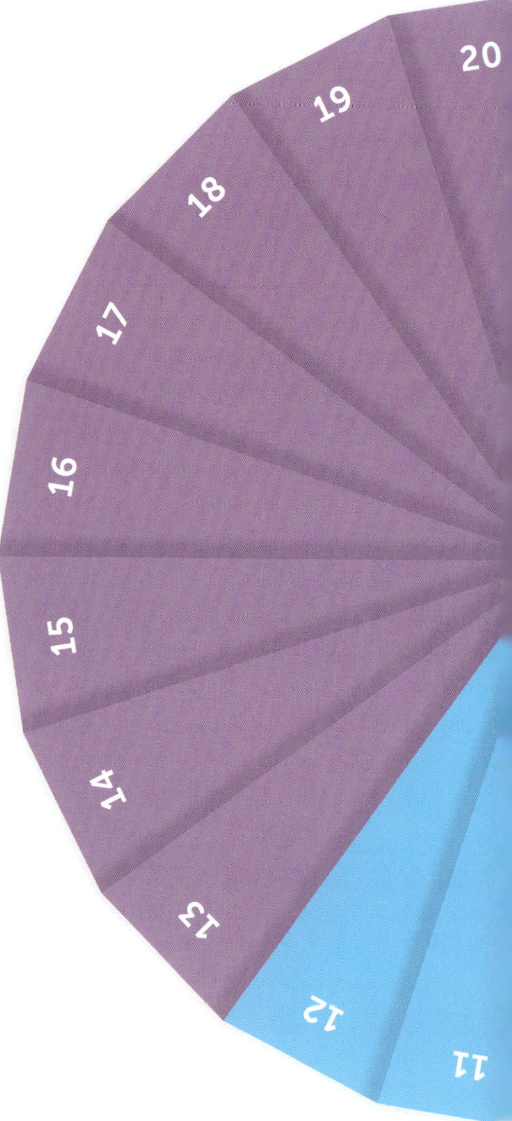

09

压力是生活的必要和自然的组成部分。要想以轻松、平衡的心态度过一天，你需要对不同类型的压力有清晰的认知，这样你才能对每种压力给予不同程度的关注。当事情变得棘手时，记得问自己，你是否有人身危险。如果答案是否定的，那么你只需要采用情绪控制技术，麻烦将会迎刃而解。

10

接受改变对大多数人来说并不容易，但却是意义非凡的。我们不可能永远维持现状，生活中的一切都是无常的和不稳定的。学会接受生活中不断变化的环境，积极地练习如何保持清醒和冷静，这将有助于你在复杂的变化过程中培养沉着冷静、泰然处之的品质。

11

情商是非常重要的领导技能。情商与你的管理能力、感召能力、激励能力和影响力密切相关。培养情商需要致力于自我发展，并通过正念练习处理复杂的情绪，这样你才能在自我意识、富有同情心和临在意识方面有所精进。

12

对许多人而言，自我关怀不会自发产生。然而，当我们能够做到自我关怀时，这对于应对各种变化和挑战是非常有用的。事实证明，通过运用“舒缓、安抚、接纳”这样的小练习来培养自我关怀，可以提升你的幸福感、积极性，也能培养领导力。于人于己，这是一件双赢的事情。

第4章

自我发展

第13课　坚持正念

了解你的内心世界。

第14课　试着感恩和慷慨

有效的智慧修行。

第15课　做一名幸福的领导者

幸福就在当下。

第16课　用心领导

获得心念凝聚性。

有趣的事情往往发生在边缘地带。两个生态系统交界处有一个过渡的区域，那是新旧交替的地方，也是获得新知的地方。

每一位读者在阅读本书的时候，都是在为个人的发展投入精力和付出努力。作为一个获取知识和技能的人，你很有可能已经发现了，最伟大的教诲往往是在你被推出舒适区，进入一个充满风险和脆弱的空间的时候获得的。这个充满活力而又令人恐慌的精进区正好夹在舒适区和混乱区之间。

值得记住的是，有趣的事情往往发生在边缘地带，无论是田野边的灌木树篱，还是你的思维的边界。两个生态系统交界处有一个过渡的区域，是新旧交替的地方，也是获得新知的地方。因此，自我发展要求你把自己置于不自在之中，例如，自告奋勇接下一个重要的汇报任务，承担一个能扩展你知识面的任务，把自己摆到学习者的位置上。

谈到终身学习，日本的持续改善原则值得借鉴。作为一个概念，持续改善原则通常被概括为通过持续的小改进，以降低成本，确保一致性和项目绩效的质量管理理念。它不仅与自我发展有关，而且与做事方法、团体和企业的效率和业绩有关。

持续改善原则要求你思考以下问题：无论今天的事情进行得多好，明天你还能做出什么改进？持续改善原则令你不断寻找对自己有益的发展，无论这种发展是微观的还是宏观的，并不断挑战你对舒适现状的依恋。你可以将这一原则应用于领导他人，首先说明持续改善原则对于团队的重要性，然后说明你希望你的团队如何遵循这一原则。在你的团队应用这一原则的过程中，确保你会定期表彰那些能够进一步提升自身水平，超越自我的人。这样，持续改善原则就会成为一种深入人心的思维方式和工作方式。

在下面的课程中，我们将探讨如何通过正念、感恩、幸福和真诚，将这一强大的原则纳入你的自我发展之中。

第13课　坚持正念

正念的概念并不新鲜。在所有智慧的传统中，你都会发现不同版本的静默训练，无论是冥想、祈祷、沉思、闭关、瑜伽、礼拜还是其他方式。这其中蕴含着一个道理——静默，是人类的一个基本需求。我们的生理机能不是为了不断利用经验而设计的，当我们有足够的时间和空间用于睡眠和休息，用安静的时刻消化和整合我们的经验时，生理机能才能达到最佳状态。因此，正念作为一种简单和非宗教性质的静默练习，恰逢其时地出现在你的生活中是一件非常好的事情。

作为一种工具，正念可以让你以更高水平的技巧驾驭你的内在自我（你的思想、情绪和身体感受），使你在处理外部的现实状况时能够了解内心的秘密空间。它可以帮助人们高效地处理压力，应对焦虑和抑郁，或者单纯地只是让你感受到内心的平静和找到生活的目标。

晨间惯例

仔细想一想，如何在你的晨间惯例里加入正念练习。这样做的目的是使正念练习成为你生活习惯的一部分，你甚至都不需要再去想这个问题，正念练习就能自然地进行。例如，如果你的晨间惯例是洗澡、穿衣、吃早餐、准备午餐和离开家，那么你可以提前5分钟起床，这样你就能在穿衣和吃早餐之间的间隙进行冥想。这5分钟的时间消耗绝对是值得的，比什么都不做的效果要好得多。

确保你身边有一些让自己感到安慰的东西，例如最喜欢的垫子、毯子、计时器和笔记本。别把手机放在身边，因为它是正念的天敌。把你的计时器设定在5分钟到10分钟，并设定一个练习的目标。闭上眼睛，按照下文的步骤开始练习，当发现自己分心时就重新开始：

呼吸→身体→情绪→心灵→自我。

1. 呼吸

让正念伴随着呼吸进入身体，尝试着驾驭吸气和呼气。

2. 身体

注意胸部的起伏。感受衣服与皮肤摩擦的感觉，以及身体的重量压在座位上的感觉。

3. 情绪

觉察自己感受到的明显情绪。

4. 心灵

注意脑海中的想法，以及想法与想法之间的空白。尽量停留在大脑的空白状态。

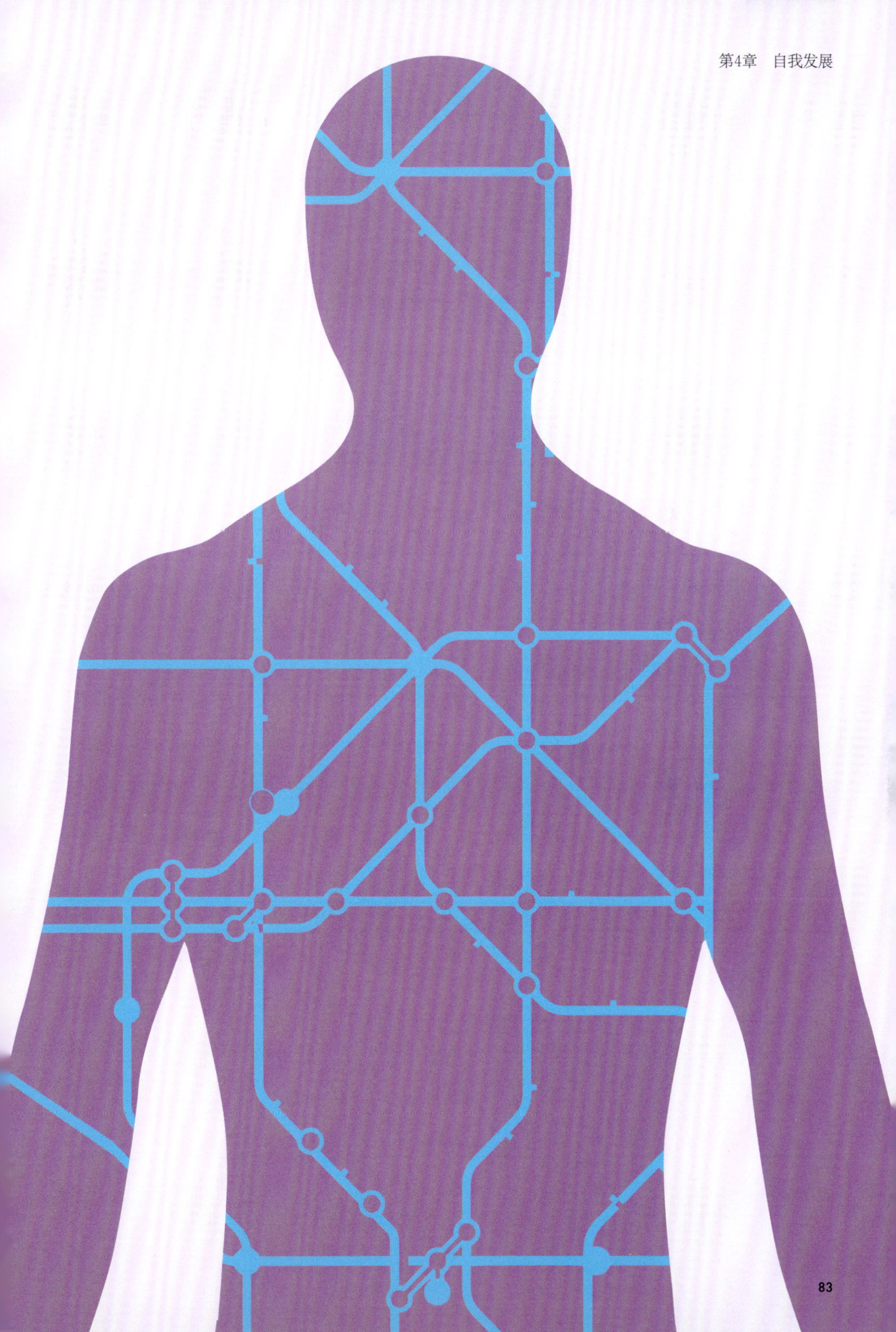

5. 自我

自我询问：此刻的我是什么感觉？

一天之中

在开启了一天工作后的几个小时里，你很容易忘记早晨的正念练习。因此，你需要在日程安排中加入一些温馨提醒，这对于将你带回到正念意识中去是很有帮助的。哪怕只是偶尔有意识地关注呼吸也会帮你做到这一点。《当下的力量》（*The Power of Now*）一书的作者埃克哈特·托利（Eckhart Tolle）[①]教导我们："一次有意识的呼吸就是一次冥想。"

我们可以挑选3个正念提示，例如：一个声音、一件物品和一个人，一天之中，每次看到它们出现时，就有意识地做一次呼吸，并检查自己的状态。随着这种习惯的养成，你会发现，每当自己感觉到不确定性或遇到挑战时，就会自然地利用这种简单的技巧。

有意识地呼吸

有意识地吸气，感知自己在吸气，感受空气进入身体的生理感觉，然后有意识地呼气，感知自己在呼气，感受空气离开身体的生理感觉。

正念障碍

下文是一些常见的正念障碍，以及如何让自己克服障碍，回归冥想的方法。

大脑忙个不停

这是放弃正念的首要原因。然而，如果你的大脑忙个不停，这意味着你是一个活着的人。正念练习的一个重点是温柔地训练心灵，让它安全地栖居在心如止水的意识中。这对你的大脑来说是一件很困难的事情，因为大多数人的思维都专注于让自己远离危险和完成任务这两件事。心灵需要时间来放松并享受静默。坚持正念练习，你的选择没有错。

我没有练习的时间

大多数人以没时间为借口时，实际上

正念提示	例子
一个声音	电话铃声、门铃、鸟鸣声
一件物品	邮箱、你的倒影、刹车灯
一个人	你的伙伴、你的孩子、一个同事

① 埃克哈特·托利（Eckhart Tolle）：被誉为当代最伟大的心灵导师。——编者注

的想法是：我认为正念不重要，不值得将其添加到我的日程表中。如果你真的这么想也没问题，但不要自欺欺人地说这是一个时间成本问题。确实，你非常忙。你有着各种各样的活动、责任。不过，就算再忙，你还是会挤出时间去网上购物，浏览社交媒体，收看你最爱的电视节目。因此，如果你认为正念很重要，是时候认真对待这件事，付出那5分钟的时间了。

内疚

你也许会因为错过了练习而感到内疚。这是很常见的，也是完全可以理解的。如果你错过自己的冥想课程，提醒你自己，你必须首先练习自我宽恕，然后才是正念练习。这两者都非常有用。

我已经感到足够心平气和，可以不用再练习了

这听起来很奇怪，但是当你已经能熟练地完成正念练习时，这样的想法就会出现。虽然你已经熟悉了如何体会静默和规整自己的内心世界，然而你仍然会有一种想要停止练习的渴望。也许你会想：我已经完成了今天的静默练习，要赶紧处理我的待办事项了。这样的想法是需要我们突破的障碍。耐心地静坐，感受这种反复出现想要停止的冲动。持续正念练习的人已经培养了在静默中心态更加开放的能力。

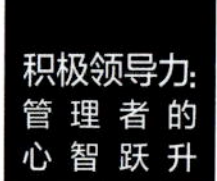

第14课　试着感恩和慷慨

感恩是一种智慧的修行，但人类并非生来就具有这种智慧。虽然在你的生活里，美好的事情可能比糟糕的事情要多，但在你的内心世界里，你脑子里的“音乐节目主持人”（DJ）播放痛苦音乐的音量非常大，令人震耳欲聋，而播放美好时光音乐的音量非常小，甚至轻若蚊吟。不过别担心，正如你在第6课中学到的，这不是你的问题，而是你的大脑在作怪。

转变这些天生的神经系统的习性，就像为你内心的广播电台制定一个全新的内容策略一样并非易事。尽管如此，这样做绝对是值得的，因为感恩已经被证实能以一种震撼人心的、美好的方式改变和加强大脑的能力，更不用说在提升你的生活质量方面起到的作用了。

感恩之心的馈赠

需要提升的部分	幸福感、警觉性、慷慨、同情心、快乐、乐观、助人、合作
需要加强的部分	社交人脉、免疫系统、积极情绪、联系紧密
需要改善的部分	睡眠、复原力、身体和心理健康
需要缓解的部分	压力、抑郁、焦虑

感恩的作用在于将你的注意力转向值得感激的事物，并提醒你更深入地体验它们。这样做的目的是让你更关注积极的体验，因此，你的意识会习惯于关注每天发生的值得感激的小事。

你可能会认为，突然变得富有感恩之心听起来相当矫情。毕竟，自己疏于感谢已经有许多年了。因此，在考虑进行下面的练习之前，先盘点一下你觉得自己应该感激的一切。这有助于你记住，你的感恩之心早已存在，练习只是为了让它更加深刻。你清楚感恩的感觉，你唯一的目标是更经常、更充分地感受它。这是一个从消极到积极，从怨天尤人到心怀感激的过程。

心存感激的人更善于与人相处

培养感恩之心

变得更加感恩不仅对你的个人体验有益，而且还能创造一种能量，这种能量会通过作为领导者的你，传递给你直接和间接影响的更广泛的人员。随着你的感恩能力不断提升，以下的实践可以让你从科学的角度去理解你的团队、关系和家庭中发生的事情。

实践

大脑喜欢稳定性和新鲜事物。因此，从神经科学的角度来看，最有益的感恩实践是那些定期发生的，但每次都有新的或不同的关注点的事情。

在21天内完成的3件事

每天，写下3件你所感激的事情，例如工作上的进展，与朋友相处的难忘时刻，你对一个困难局面的成功应对。虽然你会注意到一些反复发生的事情，但请尽量每天列出3件具体而新鲜的事情，而不是重复发生的事情。这将使实践更具价值和效果。你也可以即兴发挥，例如在下一次团队会议结束时，组织一轮感恩分享。

说谢谢

感恩是人类的普世价值，感恩文化在全世界所有民族和文化中都受到尊崇。一天之中，尽量与他人进行眼神交流，并说谢谢。每次你在说谢谢的时候，请感受一下这句话的魅力。把它当作是一次小型的冥想。

写一封信

花20分钟给对你的生活或事业带来积极影响的人写一封感谢信，这对你感受感恩和慷慨的能力有积极的作用，这种作用甚至可能持续到实践结束的3个月以后。试试这种方法吧。书面表达的感谢更有力，当然你可以在信写好之后，选择是否要将信寄出。

随机的善举

感恩和慷慨之间有一种自然的联系。生活中让你觉得需要感激的东西越多，你就越有意愿去分享。感恩文化是社会将慷慨作为一种社会规范加以强化的方法。

做出随机的善举既有趣又对你有益，既有助于身体健康，又能延缓衰老，而且快乐是能感染他人的。

尝试做这些事：

· 逛逛书店，买些励志书籍，写几句寄语赠予好友。

· 多买几把迷你雨伞，放在你的车里或包里。下次当你遇到被雨淋湿的人时，微笑着递上一把。

· 在家做一些点心，带去单位与同事分享。

· 使用自动售货机时，在机器里留下一些零钱给他人。

· 给家人做一顿丰盛的早餐。

吸气，感受
体的生理感
呼气，尝试

空气进入身

觉。

放下的心态。

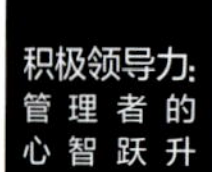

第15课 做一名幸福的领导者

我们在快乐时的状态是最好的，大多数人都想体验更多的快乐。然而，知足常乐是一件难以做到又非常复杂的事情，这意味着对于大多数人来说，知足常乐是一项需要长期坚持的修行。

长期保持幸福的心态是一项要求很高的修行，因为这需要坚实的内在力量，使心灵不受环境变化的影响，始终处于积极而又平静的状态。除此以外，它还要求你有勇气面对你所遇到的任何困难，并一丝不苟地将它们全都解决。这无疑是一项艰巨的工作。

人们对此存在着一些误解。现代的许多文化都会强调，物质满足和身体的快乐，还有权力和名誉是幸福的来源。然而，正如刚富起来和刚掌权的人们过不了多久就会发现的那样，尽管他们有可能富可敌国、举足轻重，但仍然过得十分不开心。获得幸福，没有捷径可走。

与感恩一样，幸福来自拥抱美好，关注并接纳生活中早已存在着并能给予你快乐的事物。这样，我们就可以克服大脑的消极偏见，这种消极偏见往往让人执着于忧虑和消极体验，而忽略积极体验。

实践

（1）随着你的呼吸进入正念的临在意识。

（2）注意胸部的起伏，回想过去24小时内使你面露微笑并带来幸福感的事情。

（3）回忆更多细节，让记忆变得更明亮、更清晰。

（4）再次感知幸福和温暖，也许你会不由自主地微笑。

（5）保持这种感觉，让它在你的体内变得更强烈并扩散开来。

（6）一边呼吸，一边让幸福和感激的感觉在身体里激荡。保持这种体验，再进行5次深呼吸。

（7）按照自己的节奏结束修行。

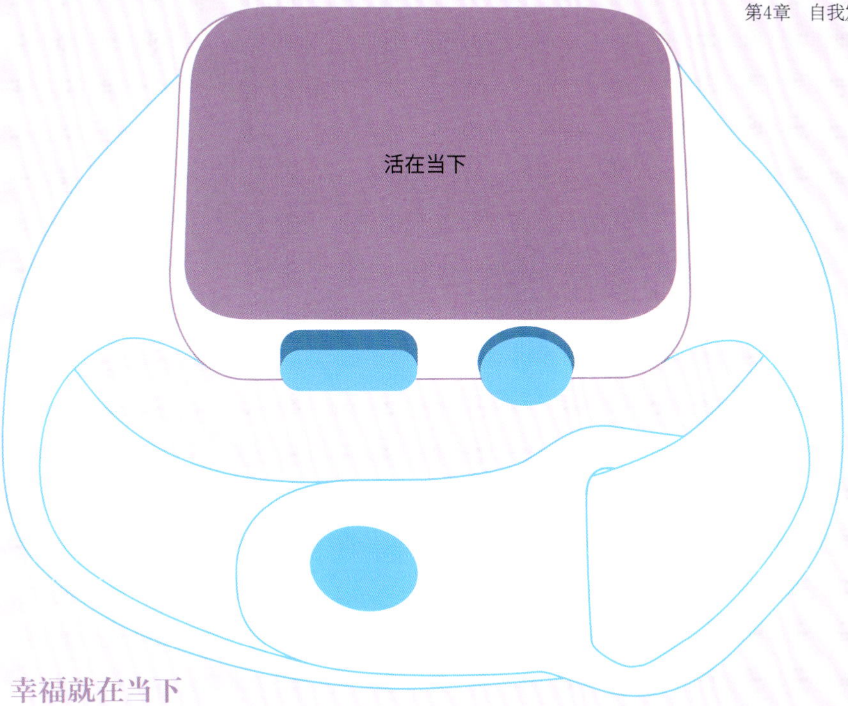

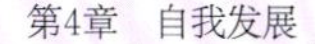

幸福就在当下

你的幸福感50%由遗传学决定，10%由环境决定，40%由你的心态决定。心态影响着你的思想和行为。

然而，人类有一种自然的倾向，会错误估计未来环境对自己前景的影响。这是一直"等到……时，就会……"的思维方式，这种思维使得幸福成为一件遥不可及的事情，而不是当下的感受。这种思维方式也意味着，只有当你成为大人物、得到某种东西或实现某种成就时才能短暂地感到幸福。

"等到……时，就会……"的思维往往如下所示：

等到我成为……时，我就会开心了。

等到我有了……时，我就会开心了。

等到我实现了……时，我就会开心了。

你的大脑通常是如何将这些句子补充完整的?

(1)把你想到的句子记在笔记本上。

(2)你能否重新修改你的句子，使幸福感现在就降临?

等到我成为公司的合伙人时，我就会开心了。

修改为：为成为公司合伙人的理想而努力让我很开心。

如果你发现"等到……时，就会……"的思维悄悄融入了你的生活，请培养在当下寻找幸福的习惯。毕竟，唯有当下才是我们能够把握的时间。

工作中的幸福

工作中的人际关系既复杂又重要。它们可以是慰藉和幸福的来源，也可以是巨大痛苦的催化剂。在处理不可避免的办公室政治问题时保持清醒的头脑，将有助于你在复杂的工作环境中感到顺意。请牢记以下几点：

你就像是马麦酱（Marmite）[①]，不是每个人都会喜欢你，也不是每个人都会成为你最好的朋友，因此如果你在进入职场时抱着这样的想法，就会浪费大量的时间和精神能量。有一些人会非常认可你的气场，而另一些人则对此不以为然，这除了能说明你和其他人一样都是凡人以外，并能不说明任何其他问题。接受这个现实，你就能为在人前做自己而感到心满意足。

做你自己

每个人都喜欢和真实中带着一点点缺点的人交往。当你花时间去了解与你共事的人时，做你自己就意味着公开你的希望和梦想，你的忧虑和失败。这需要勇气和信任，因此请按你自己的节奏来。

全面透彻地思考问题

如果有人在工作中烦扰你，或者你与他人的关系出现了问题，你极有可能开始有消极的想法，继而演变成一连串的抱怨。发生这种情况是因为大脑开始将这种关系视为对你生存不利的潜在威胁，这就是为什么被人看不起或被排斥会激发非常大的应激反应。

为了避免过激的行为和话语，你可以采用以下做法：

（1）注意到他人的行为让你产生了过激的反应，你开始有了消极的想法，这是你身体自我保护的早期警报系统。

（2）问问自己：这件事还有其他的动机吗？自己有时也会这样做吗？记住，我们很少能知道整件事的全貌，个人的猜测和假设并非事实。

（3）与其把这种局面归咎于个人，不如深呼吸，重新投入做最好的自己当中，带着正念的同情来处理这种局面。

绝对诚实地与人交往

当与第一次见面的人建立联系时，我最喜欢的做法是彻底的坦诚。人们对“你是做什么的”和“你在哪里工作”之类的老生常谈感到非常厌烦，而用一些不含套路的诚实，如“我饿坏了”来打破僵局，能激发人们的临在意识，起到很大的作用，也更有意思。

---

① 马麦酱（Marmite），英国一种有名的调味酱，因其味道存在很大争议而出名，人们对其态度多为非爱即憎，鲜有中立，因此马麦酱的制造商也将其广告语写为：“You either love it, or hate it”（要么你爱它，要么你恨它）。——编者注

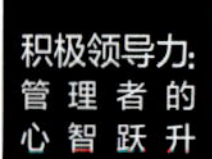

第16课 用心领导

关于你的心脏，最有趣的事情不是它每天跳动约10万次（即平均一生中跳动25亿次），也不是它是人体第一个形成的器官，而是它通过自己内在的神经系统处理无数纷繁的信息。心脏是如此精巧，以至于被称为“心脑”。没错，你的心脏有自己的思维和感知能力。

心脏也是人体中最强大的器官，当心脏与大脑交互时，心脏所传递的信息比大脑接收的信息要多，大脑解释心脏的信号，以决定如何感受和回应。

心跳的节奏传递着你内心情绪状态，这与你的呼吸快慢和血压的升降联系密切。当你体验积极的情绪如爱和感激时，你会进入稳定和连贯的心跳模式，而当你体验愤怒和挫折时，则会产生不连贯的心跳模式。你自己会首先感受到心跳的频率，随后这种频率会影响到所处环境中的电磁场，你周围的人也能感知到电磁场的变化。如果在一个刚刚发生过争吵的房间，电磁场的干扰会被感知为紧张气氛。

作为一名领导者，你常常需要在会议或活动中营造氛围。为了让自己和他人做出清晰、明智的决策，心念凝聚性（heart coherence）[①]是人最理想的状态。呼吸练习、保持幸福感和正念修行将帮助你增强对心念凝聚性的体验。

随着领导风格从命令和控制进化到更为自觉的模式，心念凝聚性和情商有助于理智的分析和决策。请看右侧的对照清单，思考哪种领导模式最能引起你的共鸣。

① 一种使人体生理运作达到高度有序、和谐的状态。

命令和控制	自觉领导
智商	智商 + 情商
基于权威	基于价值观
有限意识	全局意识
操纵	影响和正行
无同情心	富有同理心和同情心
竞争	合作与协同
意识不到局限性	自我意识

领导者之心

培养心念凝聚性使你能够挖掘自觉领导模式的更深层次的潜力。通过积极关注自己的内心，你将更容易在团队中赢得信任和尊重。你的同事开始注意到你的言行举止是基于一个共同的人性空间，这将转化为更大的影响力，从而能够激励、吸引和感召他人。

你可能会担心自觉领导模式缺少了命令和控制模式中拥有的权力，但自觉领导模式有一种强大的催化作用，有时被称为“软实力”。

除此之外，在自觉领导模式下产生的结果最有可能充满临在意识、正行、和谐、正位和智慧。践行自觉领导模式可以实现卓越管理。这就是“领导者之心”。

实践

这种以心脏为中心的练习可以让你频繁地体验到心念凝聚性。

（1）深吸一口气，平静下来，让你的呼吸进入稳定和舒适的节奏。

（2）将一只手或双手手掌置于胸部中央。

（3）想象你爱的人在你面前，感受你们之间的能量流动，感受这种正念的节奏和频率。

（4）吸气，想象空气流向并进入你的心脏。

（5）呼气，感觉心脏的电磁场能量向外辐射。

（6）当你继续呼吸时，体会心脏内部和周围的感觉，关注你的感受和情绪。

（7）以对你所爱的人的感激之情和欣赏之心结束此次练习。

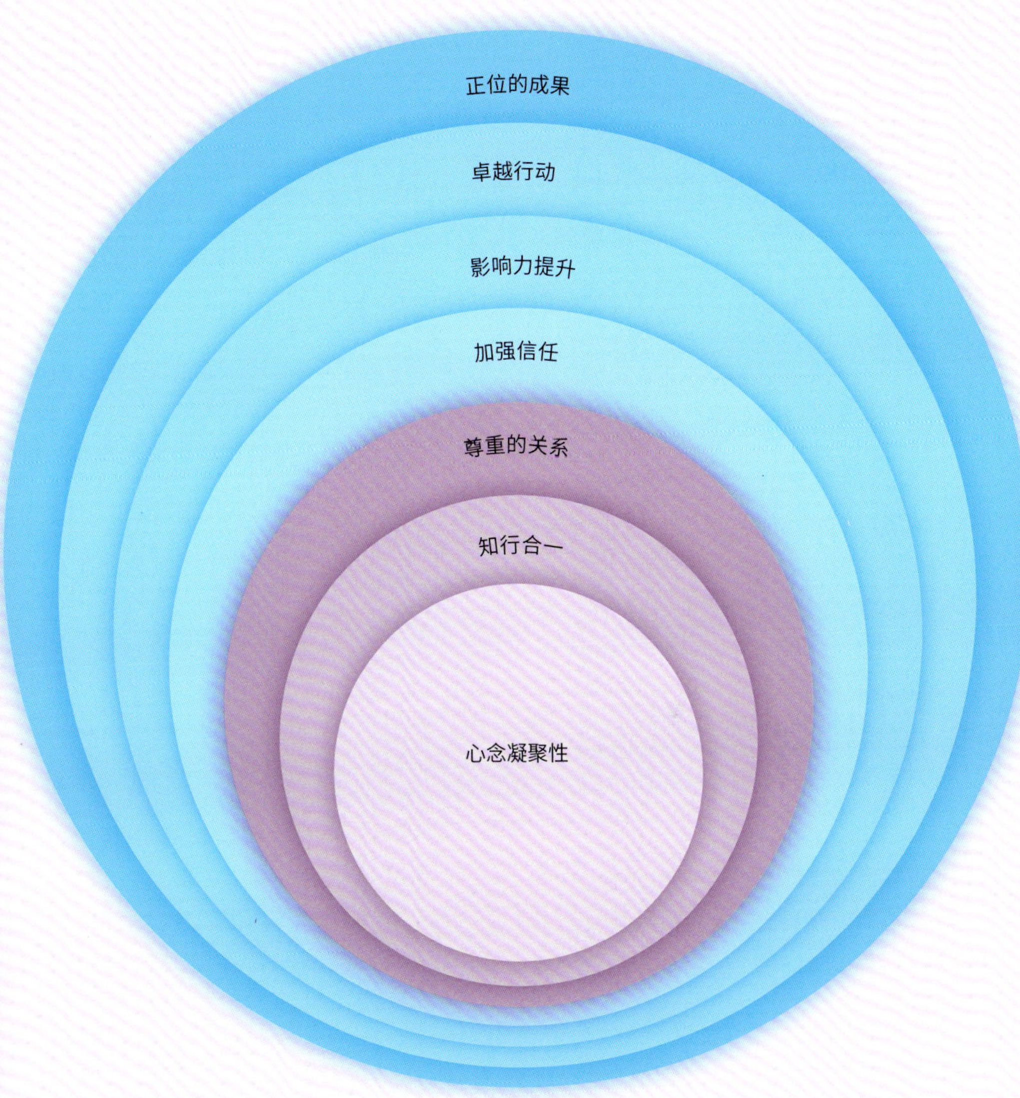
正位的成果
卓越行动
影响力提升
加强信任
尊重的关系
知行合一
心念凝聚性

工具包

13

探索思想、情绪和感觉的内心世界是一项复杂的工作。正念就像一张地图，通过简单的练习，我们就能学会探索被表象掩盖却已经存在的东西的方法。将正念纳入你的晨间惯例，在一天中短暂地回到临在状态，这可以帮助你专注于自己的生活，以清晰的头脑迎接挑战。

14

感恩的练习使我们能够克服恐惧、培养心理韧性。无论生活中发生什么，总有一些事情值得我们感激。让你的生活充满感激之情的最简单的方法之一，就是更频繁、更真诚地说谢谢。今天你有想要表达感激的对象吗？

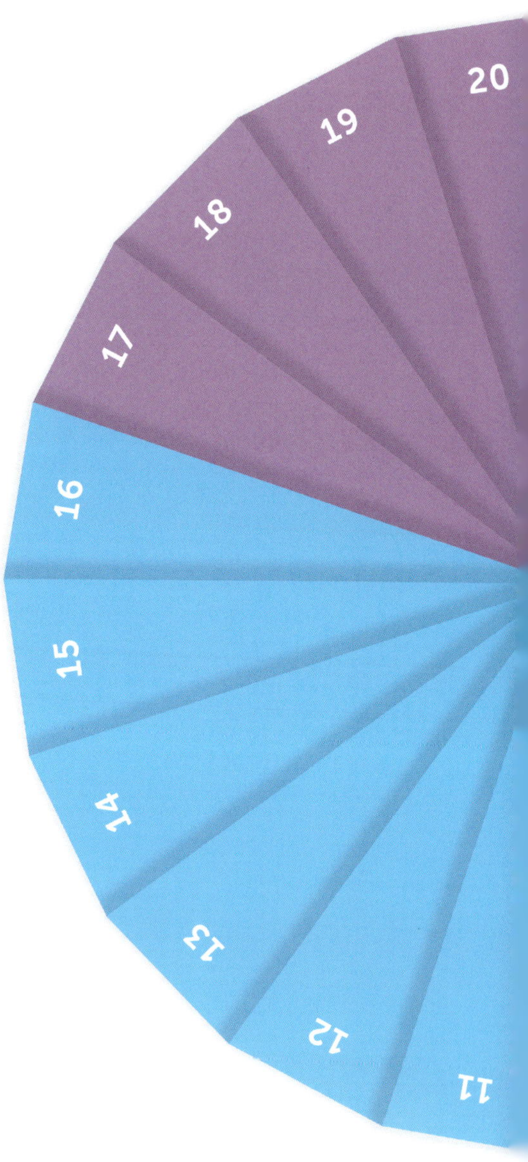

15

幸福通常离我们并不遥远。有时，它所需要的只是专注于记住一些今天可能已经与你擦肩而过的美好时刻。幸福绝对不是应该延迟获得的东西，因此要确保你没有在幸福和当下体验之间设置障碍。你所有最幸福的时刻都发生在当下。

16

心使人们保持联结，因此要对自己和周围的人富有同情心。富有同情心可以使我们更加注重合作、协同和自觉地工作。通过用心练习，你可以加深与共同人性①的联结，成为一名更有影响力和感召力的领导者。

① 自我关怀的要素之一就是共同人性，即认识到每个人都会经历困难和失败。——编者注

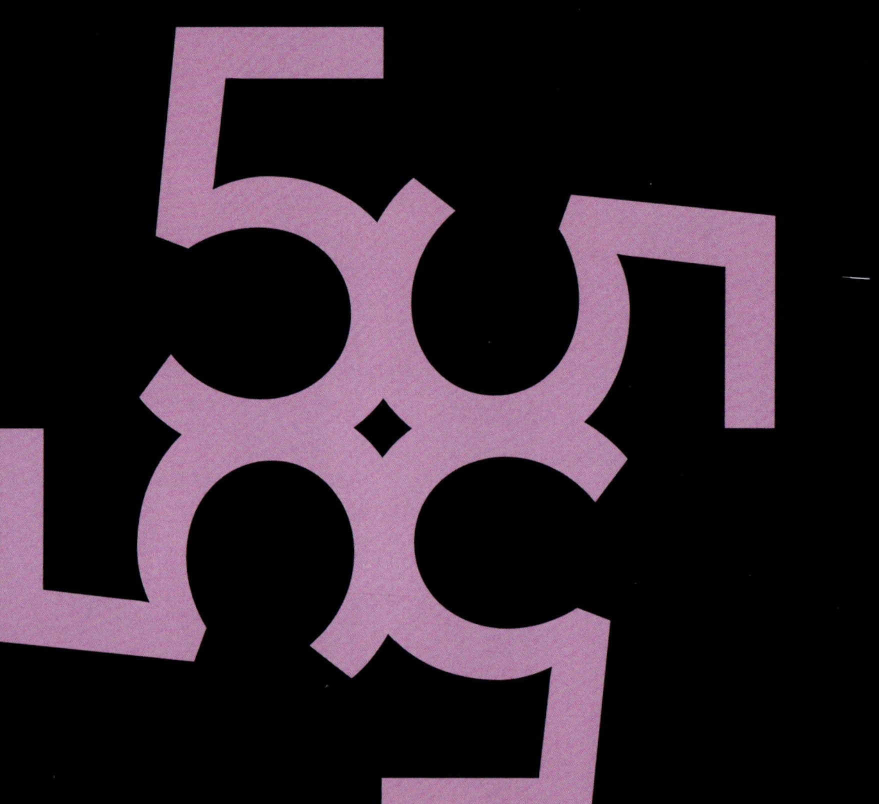

第5章

自我实现

第17课　领导能力

有意识地倾听。

第18课　追求卓越

摆脱完美主义。

第19课　以创造力为标准

重新唤醒你的超级力量。

第20课　追求正位而非追求成功

实现和谐。

自我实现的时刻无法事先计划或主动追求，它会在你最不期望的时候自然降临。

婴儿时的你在第一次照镜子时，就想知道镜子里那个移动地、微笑地、好奇地盯着你看的人是谁。自那时起，你就踏上了自我实现的道路。有一天，你会突然醍醐灌顶，意识到镜子里的人就是你自己。

在那一刻，你知道了自己是有身份、能力和自主权的。后来，你逐渐发现了自己还有欲望、野心、喜好、厌恶、希望和梦想。人是一种奇妙的生物，可以像剥洋葱一样，一层一层地了解自我。

自我实现的时刻无法事先计划或主动追求，它会在你最不期望的时候自然降临。正如《九型人格》（*Enneagram*）的作者拉斯·赫德森（Russ Hudson）所说："你永远不知道宇宙何时会向你眨眼！"因此，想精进领导力的学生不会为了实现自我而苦苦挣扎，而会在日常的每一个平凡时刻做到最好，将最好的自己、良好的心态和努力面对成功和失败的能力展现出来，从而实现自我满足。在这样做的过程中，你会意想不到地灵光乍现、醍醐灌顶。

对于自我实现，我们常常既向往又害怕，因为它要求我们去体验相互联结与共同的现实情况，并为之承担相应的责任。在接下来的课程中，我们会在思考领导能力、卓越性、脆弱性、创造性和正位的同时，获得实现这一目标的技能。

第17课　领导能力

有多少次，当你与朋友或同事进行重要的谈话时，你感觉他们不是在真正地倾听，而是在构思一句漂亮话。甚至在你说完自己的观点之前，他们就已经加入了自己的想法，常常对你提出的观点缺乏理解或认同。也许有时你会发现自己也在这样做。

这种共同的经历源于我们这个时代最大的挑战之一：有效倾听。没有高质量的倾听，我们就会错过重要的信息和窥一斑而知全豹的机会，从而影响我们的整体效率。

如何有意识地倾听

有意识地倾听意味着对倾听的觉察。它的特点是警觉以及开放性。有意识地倾听营造了一个不被内容（固有想法、关切和预测）裹挟的空间，而是被欢迎、非判断及好奇心的能量充满的空间。它的作用是让倾听者被看到、听到、认可和理解。当别人用这种方式倾听你说话时，你会感到毫无拘束、充满力量。遗憾的是，你也可能发现了能够被以这种方式倾听的时候是多么的罕见。

如果你选择尝试有意识地倾听，那么你会发现思考以下问题对你很有帮助。如果有意识地倾听对你来说是个全新的概念，你可能就需要一点时间来适应，但请相信它的价值，这样做会产生好的结果。

（1）有意识地倾听对你接收信息的质量有何影响？

（2）这种倾听的转变对你与他人的联结有什么影响？

（3）当你有意识地倾听时，你注意到自己的反应有什么变化？

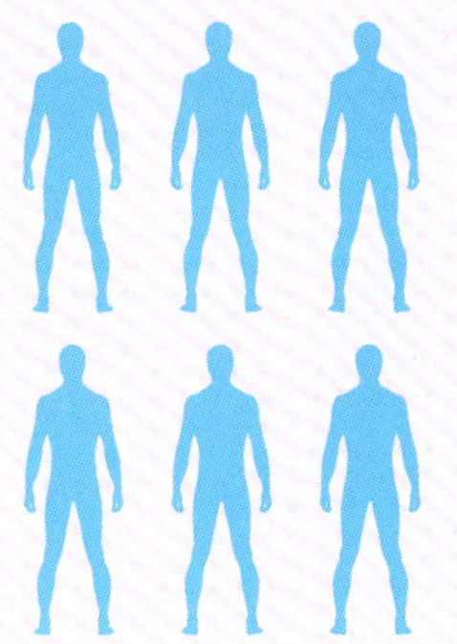

如何创建一家自觉的企业

随着领导层变得更加自觉，企业也应该体现出自觉的价值观。创建一家自觉的企业需要让人们意识到以下的特征，我们需要对于这些理念应用于市场当中时出现的一些困难保持开放的态度。

不伤害

作为一个基本准则，正念的企业要明确自己的经营理念是致力于提供对人类和环境无害的产品和服务。

三重底线

正念的企业不会唯利是图，而是把为人、环境和经济提供积极的价值作为衡量成功的标准。

1. 人类

企业的目标是为其员工和所有利益相关者的生活做出有益的贡献，从制造商到供应商，再到当地社区和整个人类。正确的做法包括倡导健康工作，改善员工福利，使用公平贸易的原料，或为参与供应链和制造的社区提供帮助。

2. 环境

正念的商业模式要求对环境负责任，尽量减少对环境的任何负面影响，并在可能的情况下投资于环境保护。合理的做法包括回收和使用可再生能源，从共享环保价值观的供应商处采购，敦促利益相关者采取正念的做法。

3. 经济

正念的企业致力于在经济、人类、环境三者价值之间取得平衡，并在决策时尊重三者的价值。

诚实的反馈

反馈的目的是提供一种有价值的认可、意见或反思，因此接受反馈的人可能会受到启发，采取新的行动或选择不同的行为。同时，反馈也是一个接受和倾听新信息的机会。专注于明确、有针对性、富有同情心地给出反馈，并获得更多信息，这将帮助你以一个明确的目标和开放的心态展开工作。

让我们看看实际的操作是怎样的。

诚实待人

对自己的观点负全部责任，明确你表达的是自己的观点。不要用不在场的人的意见作为挡箭牌。

保持一致的标准

以同样的标准要求包括自己在内的每个人。问问自己：如果我是自己的管理者，我会给自己什么有建设性的反馈？

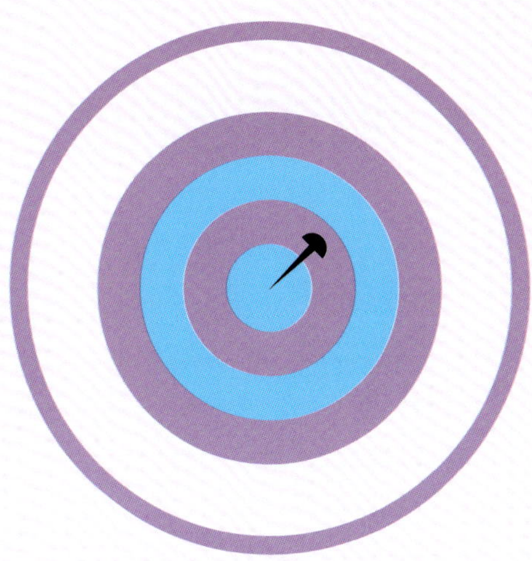

有针对性

以事实为基础，询问他人是否有同感，然后提出你的意见或要求。

征求他人的意见

我是否遗漏了任何相关信息？你对这种情况有什么看法？有意识地倾听他人的想法。

保持共情

共情将有助于你的反馈对话保持积极，并让信息在和谐的气氛中被他人接收。

达成共识

双方都同意就将要改变的内容达成一致意见。如果无法达成一致意见，那么就针对障碍是什么以及下一个实际步骤是什么达成共识。

第18课　追求卓越

你是否曾经错过了最后期限，或者虽然已经完成了作品，却因为不断地修改结构和措辞，而迟迟没有完成创作？这种行为源于完美主义的心态，这是影响无数专业人士和有抱负的领导者的东西。

无论是不是对自己成果的数量和质量有不切实际的期望，人类都很容易过度追求卓越和名望。完美主义也很容易将对工作任务的苛刻蔓延到家庭生活和家人之间的互动中。

作为一种特质，完美主义会对我们的状态产生负面影响，让人不快乐，并导致焦虑或抑郁。而最优化主义[①]是更优化版本的完美主义，它更富有正念和关怀。通过最优化主义，你仍然可以达到巅峰状态，而且你和你周围的人都会有更好的体验。下一页的完美主义者和最优化主义者的对比图，源自泰勒·本－沙哈尔（Tal Ben-Shahar）[②]教授的研究。

实践

当你陷入完美主义的掌控时，这种练习会让你平静下来，获得新的视角，并放下对绝对控制的追求。

（1）放松你最紧绷的肌肉，感受身体的重量压在座位上，进入正念。

（2）接下来，感知你的双眼。感觉到眼睛的重量、形状和运动。放松眼睛，并观察产生的变化。配合呼吸和放松。

（3）感知你的颈部和肩部。放松僵硬的肌肉。注意呼吸。

（4）感知你的心灵。让觉察的温暖传导你对心灵的感知。心灵是否紧张或试图保持对你影响之外的事物的控制？尝试着让心灵松开对这些困难领域的控制。放松片刻。观察你有什么变化。

（5）平静地呼吸，直到感觉练习完成。

① 最优化主义：出自泰勒·本－沙哈尔的《幸福的方法》旨在让人们追求最有可能的美好生活，学会接受失败并心存感恩。——编者注

② 泰勒·本－沙哈尔（Tal Ben-Shahar）：哈佛大学心理学硕士、哲学和组织行为学博士，专研优势开发、自信心和领导力。——编者注

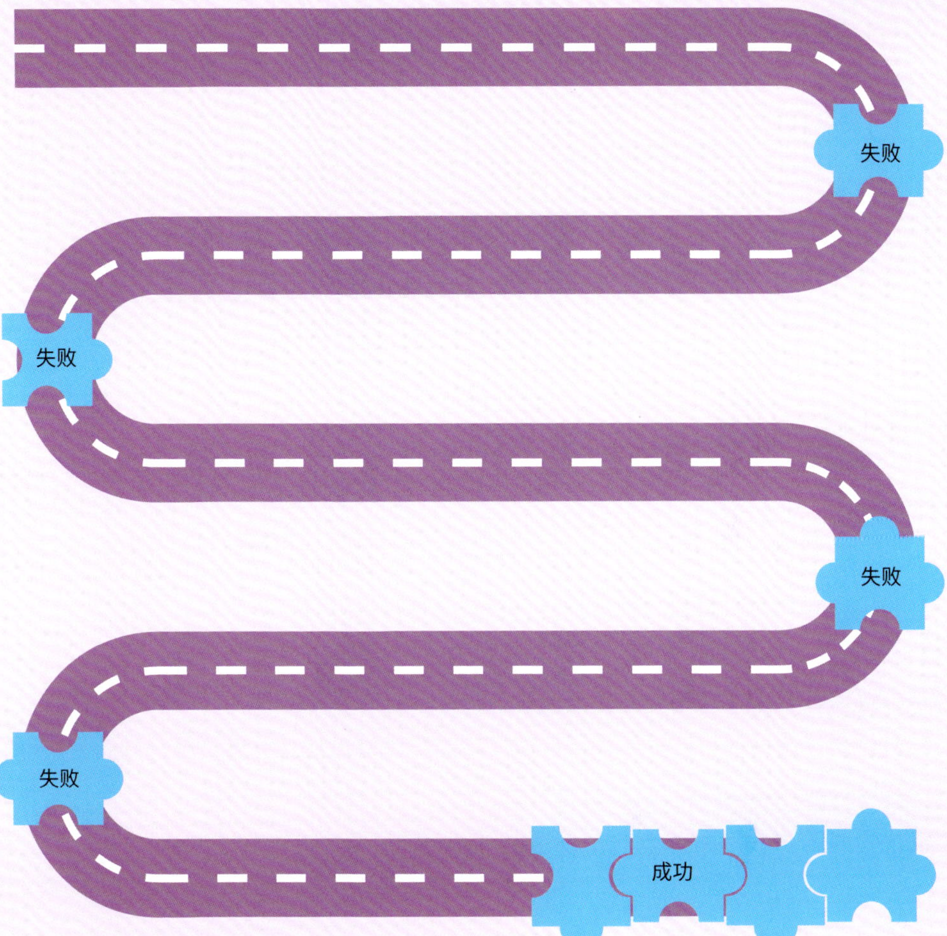

完美主义者	最优化主义者
成功只有线性路线	成功具有非线性路线
失败是致命的	失败是一种反馈
注重成果	注重阶段性成果和过程
防御性的、批评性的、苛刻的、呆板的	乐于接受，不吝赞美，充满活力
很少对成就感到满意	同情和宽容
无法接受错误	享受自己和他人的成就
紧张的态度	实事求是地看待错误
	专注和正念的态度

不完美的领导者

任何人都是有弱点的，任何一个把自己视为领导者的人都知道这一点。脆弱是人类与生俱来的，错误是我们进化和系统成长的一部分。在一个快速变化的世界里，你的不同身份要求你为不确定的未来做出决策。这项任务充满了风险，增加了出错和失败的可能性。因此，在每一个有远大抱负的生活领域里，很有可能环境会要求你接受甚至学会为自己的弱点欢呼。

接受了自身的弱点，你也就承认了一个艰难的事实：你的愿景、价值观、意图、希望和梦想都必须通过身体这个不完美的容器，从无形的思想转化为复杂世界中的语言、行为和行动。这就是理论与现实交汇的地方。

这也是尽管付出了最大的努力，所有人也还是会遭遇失败的地方。这些失败往往会使个人陷入许多一再上演的人类悲剧之中。例如：

（1）我只有自己。

（2）我有些不对劲。

（3）我能力不够。

（4）我不值得被爱。

（5）一切都是徒劳的。

其中是否有听起来很熟悉的内容？

其中是否有一个是最符合你个性的想法？

你接下来要做的是经受住这些对自我领导能力的考验。虽然这些负面的情绪可能具有诱惑、消耗性，但它们绝不是真的。保持临在意识，环顾四周，寻求帮助。问问自己，如果能做到勇敢、自我关怀和寻求联结会发生什么。

人类的经验中充斥着错误、失败和痛苦是有原因的。它们能激励成长，修正方向，让你发现自己的改变。领导力不是关于谁能穿上最闪亮的盔甲，而是关于谁能掌控自己的弱点、脆弱和不完美，并从中获得真实的力量和勇气。承认脆弱并不意味着你软弱，它表明你是可亲的、谦逊的，你应该激励周围的人也这样做。它允许别人触碰其柔弱的部分，分享伤疤，揭示痛苦。这些真相具有让人解脱、疗愈和脱胎换骨的作用。

+ 练习

下面关于勇气和自我关怀的领导力培养练习将给你一个机会，去获得你信任之人的反馈，体验自己的脆弱性，感受被认可和更密切的关系。

联系生活中不同领域你一直很尊重和重视其意见的4个人，请他们简单回答下面4个问题：

（1）哪3个词最能描述我？

（2）你最看重我的什么特质？

（3）你会给我什么建议以帮助我成长？

（4）对你来说，我们的关系中最重要的方面是什么？

思考他们给你的答案，记录下你的收获。试着问自己最重要的3个收获是什么。

有意识

是领导

用的工

地倾听
者最有
具。

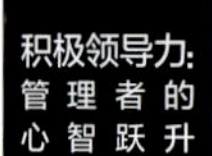

第19课　以创造力为标准

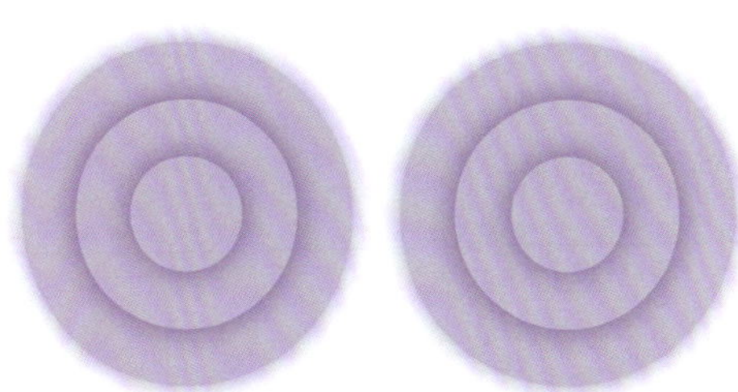
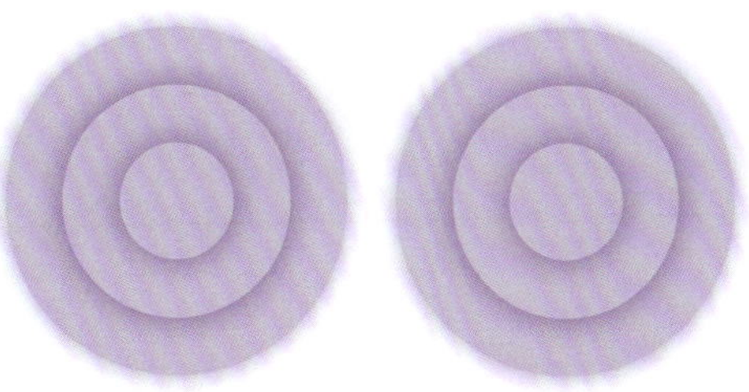

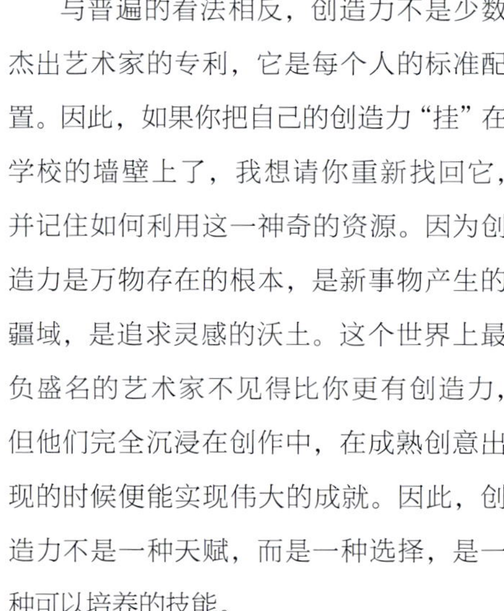

与普遍的看法相反，创造力不是少数杰出艺术家的专利，它是每个人的标准配置。因此，如果你把自己的创造力“挂”在学校的墙壁上了，我想请你重新找回它，并记住如何利用这一神奇的资源。因为创造力是万物存在的根本，是新事物产生的疆域，是追求灵感的沃土。这个世界上最负盛名的艺术家不见得比你更有创造力，但他们完全沉浸在创作中，在成熟创意出现的时候便能实现伟大的成就。因此，创造力不是一种天赋，而是一种选择，是一种可以培养的技能。

创造力与正念密切相关，它们都产生于同一个意识空间。这个意识的领域以无限或永恒为特征，有时在冥想中被称为“无尽的夜空”。正是在这个空间里，静默与创造性的火花共存。别忘了，产生创意和解决问题的能力都是创造性的技能。

有创造力的领导

根据国际商业机器公司（IBM）对全球1500名首席执行官的调查，在技术加速发展的当今世界中，创造力是最受欢迎的领导特质。

有创造力的领导者——无论是经营一个三口之家还是管理一家跨国公司——都富有洞察力和想象力。他们知道如何培养自己和团队的创造力。通过展现自我意识、暴露弱点和表现谦逊，富有创造力的领导者能够激发一种积极的精神，使得其他人敢于冒险，并从中寻找到创造性的解决方案。这将带来更高的生产力和更多的创新。富有创造力的领导者在沟通方式上也是充满激情和远见的，他们为自己的团队招贤

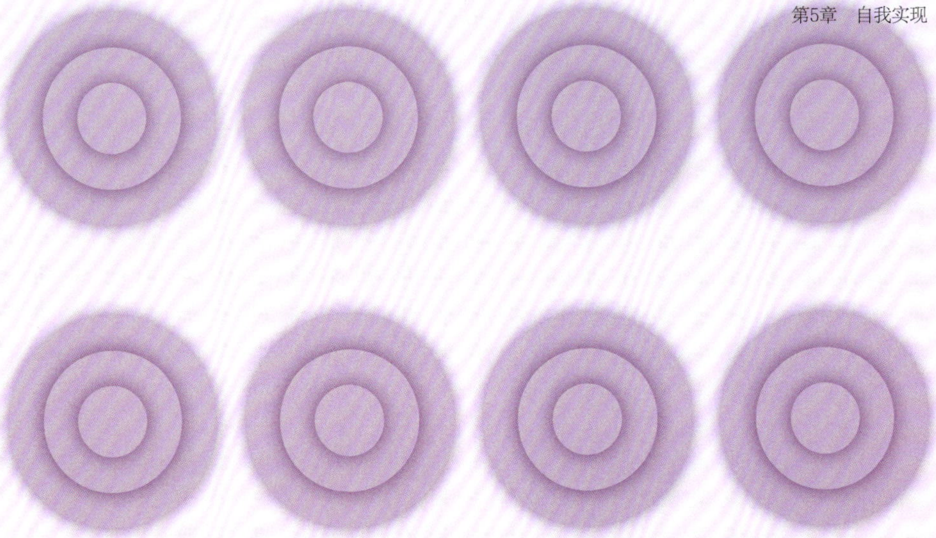

纳士，并同步团队目标实现的进展。这能够为团队鼓舞士气和营造友善的氛围。

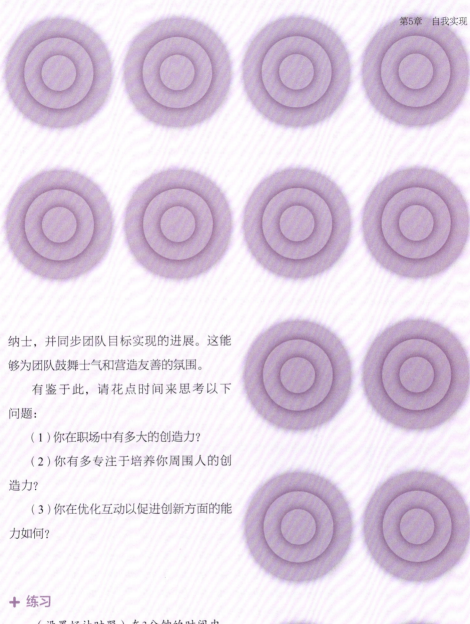

有鉴于此，请花点时间来思考以下问题：

（1）你在职场中有多大的创造力？

（2）你有多专注于培养你周围人的创造力？

（3）你在优化互动以促进创新方面的能力如何？

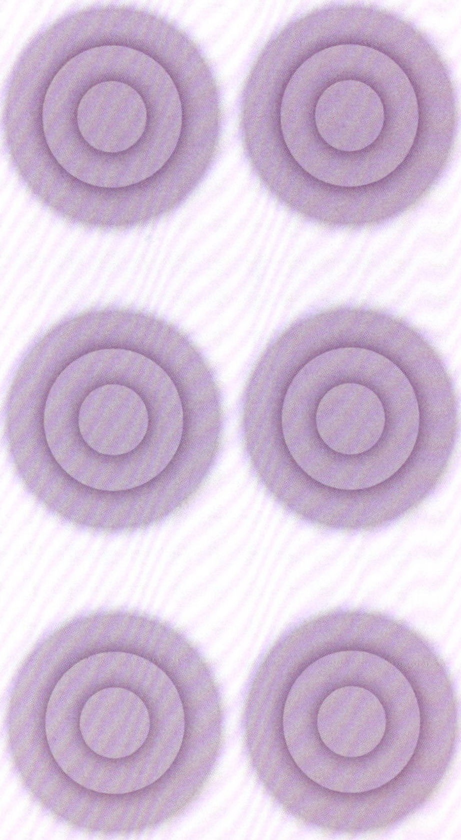

+ 练习

（设置好计时器）在3分钟的时间内，把尽可能多的圆圈连起来，使其成为不同的可识别的物品。练习的关键在于物品的数量而非质量。开始吧！

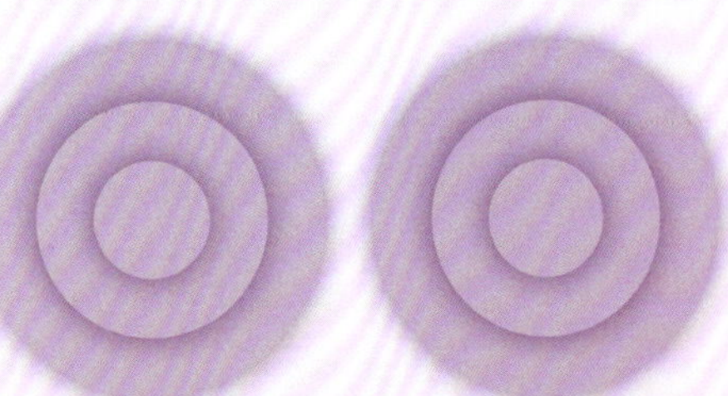

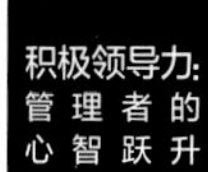

培养创造力

如果你想知道如何提高自己或团队的创造力，你就需要了解这些经过研究证实且非常实用的活动。前3个建议是单人练习，你可以自己尝试，而后6个建议能够帮助你为团队的创造性活动赋能。

做白日梦

随着智能手机的出现，人们不再感到无聊，白日梦发生的频率大不如前，这对创造力来说不是一个好消息。人类大脑有两种注意模式。当你积极专注于某项活动时，任务正激活网络（task-positive network）负责，而任务负激活网络（task-negative network）则负责做白日梦。灵光乍现时刻在任务负激活时间内会更频繁地发生，所以如果某个特定的问题让你束手无策，不妨暂时离开眼前的屏幕，看看窗外，任由思绪飘荡。

睡一觉再决定

1993年，D. 巴雷特（D.Barrett）开展了一项梦境研究，要求76名19岁至24岁的大学生在睡着之前关注一个特定问题，然后带着问题进入梦乡。大约有一半的人梦到了自己思考的问题，超过四分之一的人觉得自己梦到了问题的解决方案！人们注意到，梦中得到的解决方案能让问题得到相当令人满意的结果。

创造多多益善

正能量新闻网站 Upworthy[①]鼓励其作者为每篇文章拟25个不同的标题，然后从中选择最佳的一个。这种做法表明，你可能已经有了好的创意，但最好的可能还在后面。

创新会议形式

首先，所有的会议都应旨在为每个与会者提供有价值的收获，无论这种价值是通过感谢、建立关系、信息交流、明确目标和优先事项还是通过反思如何改进实现的。但何不再往前一步呢？你可以发挥创意，试验新的会议形式，或开发一种自己的会议形式。

正念会议

抛弃通常的会议开场白，以60秒的冥想开始会议。下面的话术可供参考："我们今天要尝试一种不同的会议形式。这个计时器将在60秒后响起。从现在开始，请大家保持静默进入冥想状态，专注于你的会议目标。"

头脑风暴式涂鸦

在进行创意头脑风暴时，提供纸和彩笔。鼓励与会者在活动过程中以主题为中

① Upworthy：致力于快速传播有意义的信息和图片的资讯网站，网站的标题完全由社交媒体关注者最终确定。——编者注

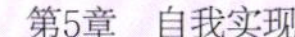

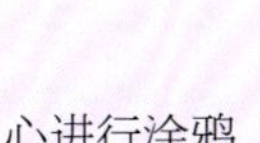

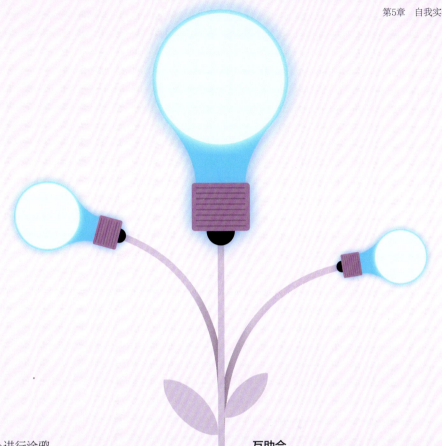

心进行涂鸦。

进度会

进度会是整个团队同时将个人的周目标输入到一个共享电子表格中，以提升可视性、责任感和对每个人工作进展的了解。

庆祝会议

定期召开庆祝会议，庆祝团队取得的大大小小的胜利。与会者可以复盘个人取得的成就，或祝贺其他团队成员取得的成功。这对建设快乐和注重效率的文化大有裨益。

互助会

这种会议形式是专为两个人准备的，两人将定期通报彼此的工作，互相支持。如果是一个小时的会议，可以做以下两件事：

（1）每人用10分钟时间分享最新情况和最近的成就。

（2）每个人用20分钟时间谈一谈当前的挑战。

会议的目的不是通过提供解决方案和建议来解决自己的问题，而是以同理心倾听和提问的方式，彼此帮助解决对方的问题。

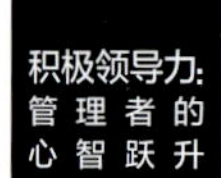

第20课　追求正位而非追求成功

正位是新的成功

在本书的开篇，我提到自觉领导是摆脱恐惧的旅程。同样，自觉领导也是走向正位的旅程。

正位意味着将你是谁与你做什么统一起来。毕竟，你是一个有血有肉的人，而不是一个只会工作的人。追求正位而不是成功，意味着每当你走到一个或大或小的岔路口时，你要问问自己哪条路能让你更接近于自己的真实身份。你清楚自己正在走向正位，因为它让你感受到了快乐和生命的活力。

把对成功的追求换成对正位的追求，最大的收获是它使你超越了攀比的心理状态。虽然总会有人比你拥有更多的金钱、名声或权力，但正位提供了更有内涵的东西：内心坚定与安宁平和。

正位比成功要低调一些，获得了正位的人，不需要别人告诉自己做得好。你会觉得自己行的是正道，以自我的诚笃为中心，发自内心地尊重自我。正位意味着充裕的能量。几乎就像宇宙听见了你满含热情地唱歌，并开始与你一起唱和。

自觉领导者不仅希望追求自身的正位，而且会在他们周围人身上也培养这种正位，例如对团队成员的管理，为客户寻求满意的解决方案或激励自己的孩子。

但是，如果你感到自己今天似乎不在正位的状态，你可以试试静坐几分钟，同时思考以下问题：我究竟想用生命实现什么价值？然后，记下你所体验到的任何感觉、图像、感受或想法。

最重要的事

最重要的事是把最重要的事当成最重要的事。[①]听起来显得多余，但这其中包含着一个过程。你需要：

（1）知道什么是对你最重要的事。

（2）在经历现代生活的喧嚣的同时，始终不忘记自己最重要的事。

① 源自《巨人的方法》对哈佛大学助理教授萨拉·伊丽莎白·刘易斯的采访。——编者注

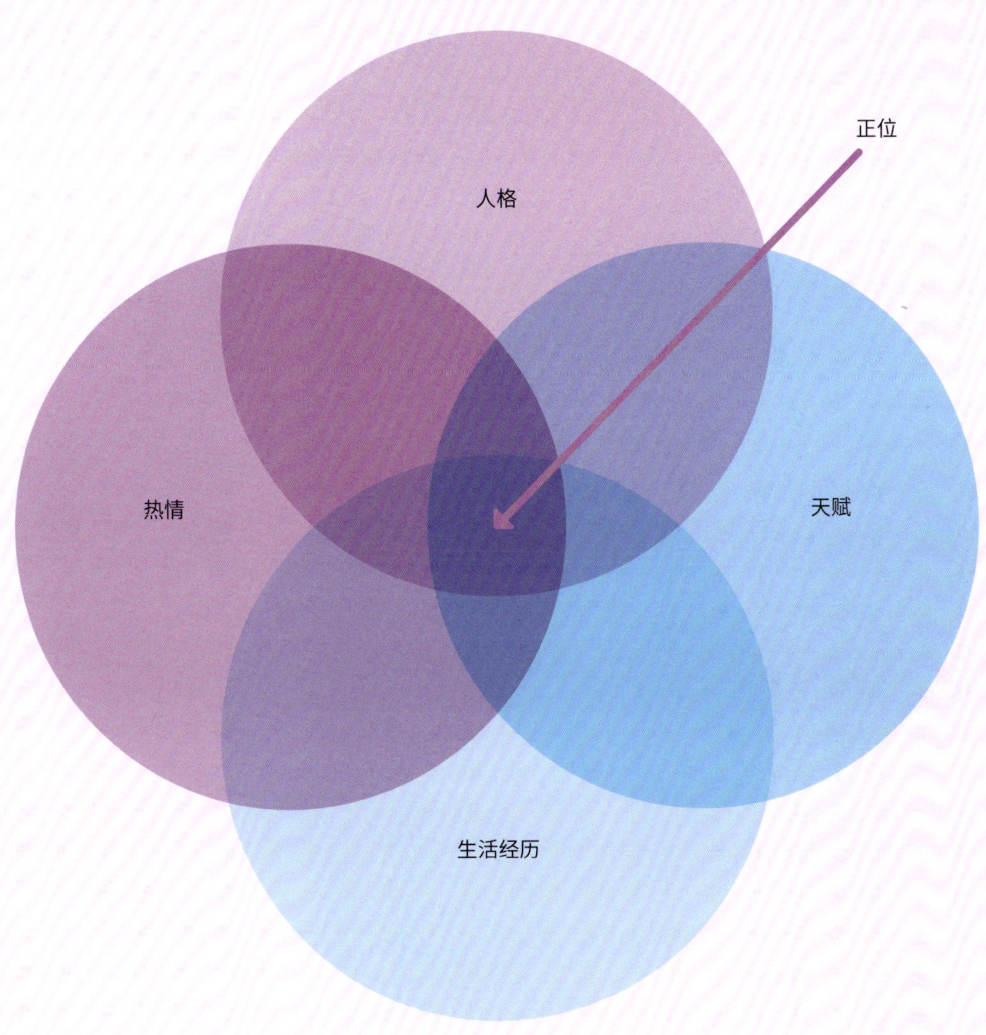
正位
人格
热情
天赋
生活经历

（3）使用书中的方法，练习在自己忘却时记起最重要的事情。

那么，对你而言此刻最重要的事情是什么呢？

生命中最重要的事情又是什么呢？

我们之前曾做过这项练习，现在要回顾一下自己的愿景和价值观。经过之前课程的练习后，你的愿景和价值观有什么变化吗？它们经受住了现实的考验吗？当挑战来临时，你能做到将它们铭记于心吗？花点时间回顾一下，并考虑自己是否想要做出任何改变或调整。

接下来，带着这些反思，问问自己：我的使命是什么？

用一个词、短语或句子把它写下来。然后大声说出来，看看有什么感觉。

我的使命是……

如果感觉还没有完全准备好或没有思考清楚，也不用担心。这是一项长期持续的练习，你的使命可能随着你的成长而改变。

实践

实现自觉领导的旅程已经到达了终点，下面还有最后一个练习，反思以下3个问题：

你准备放下什么？

你准备接纳什么？

你对什么心怀感激？

想象一下，你站在一座美丽的木桥上，俯视着一条清溪，周围群山环绕，溪水流过光滑的灰色岩石，流向海洋。

你转身面向下游，感受水从你脚下穿过，离你远去。你闭上眼睛，思考一件你准备放下的事情，想象它被水流带走，消失在海中。

接下来，你转身面向上游获得新的能量。当你感受到它的力量时，思考你在生活中准备接纳的一件事。当它变得清晰时，想象它被溪水带到你身边，你正张开双臂接纳它。

最后，将你的手放在你的心口，感受那里的感激之情的温暖。

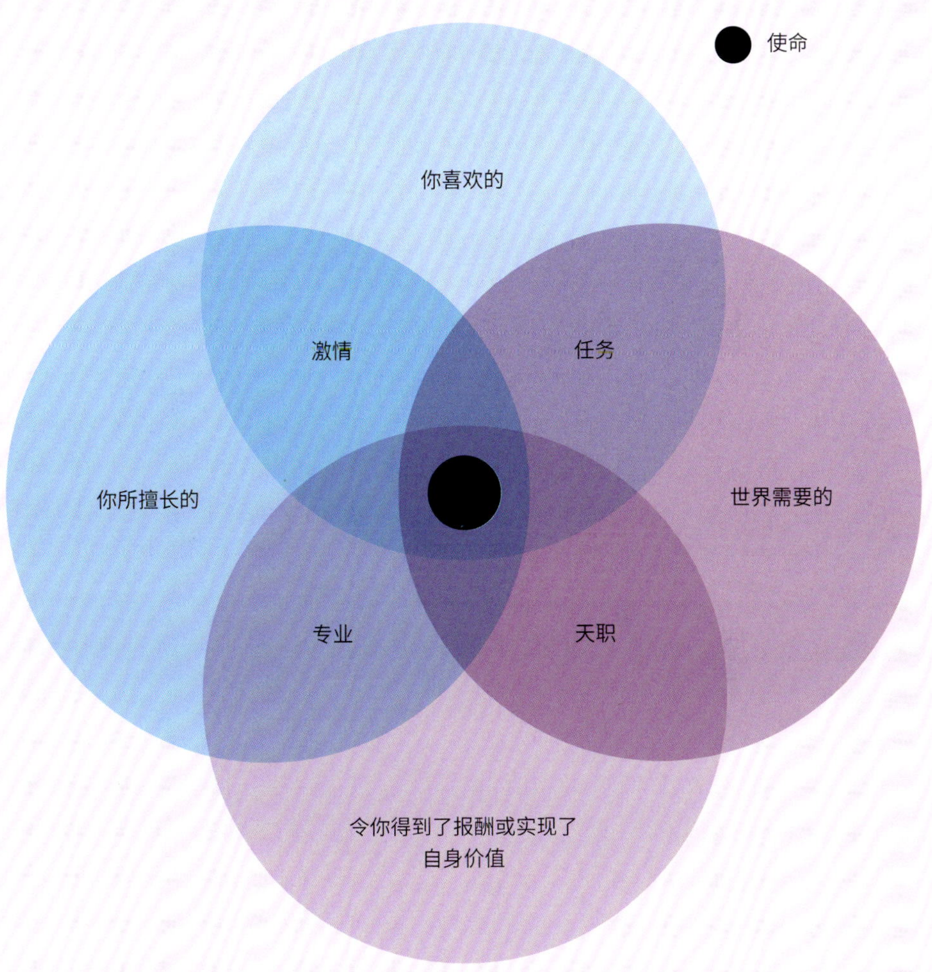
使命
你喜欢的
激情
任务
你所擅长的
世界需要的
专业
天职
令你得到了报酬或实现了
自身价值

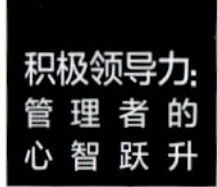

工具包

17

为了做好领导工作，你必须学会有效倾听，欢迎双向的诚实反馈。这些经常被忽视的技能是强大的，能帮助你在竞争中脱颖而出。

18

完美主义和最优化主义之间存在着巨大的区别。虽然两者都倡导出色的业绩和卓越的结果，但最优化主义却是慈悲、务实和富有人性的。分享弱点来接纳人性，使我们能够更加开放、舒展并更好地与周围人联结。

19

每个人身体内都蕴含着创造力。的确，创造力需要得到认可、培养和表达，但你不用怀疑它的存在，而且它现在就能为你所用。无论你是希望以创新和洞察力来领导他人，还是想知道如何培养他人的创造力，都有实用的工具可以将目标转化为行动。

20

自觉领导之路就是走向正位的道路。随着正念的增强，你会更清楚自己的使命、天赋和独特性。这种宝贵的自知之明可以转化为强有力的选择，使你越来越接近正位——一种使命和快乐与你的热情和天职相交汇的状态。花点时间反思，并关注自己已经取得的进步。

参考阅读

《清醒：如何用价值观创造价值》（*Conscious Business: How to Build Value Through Values*）

弗雷德·考夫曼（Fred Kofman）（Sounds True公司，2014年）

《全观的视野：肯·威尔伯整合方法指导》（*The Integral Vision: A Very Short Introduction to the Revolutionary Integral Approach to Life, God, the Universe, and Everything*）

肯·威尔伯（Ken Wilber）（Shambhala出版公司，2007年）

《早起的奇迹》（*The Miracle Morning: The 6 Habits That Will Transform Your Life Before 8AM*）

哈尔·埃尔罗德（Hal Elrod）（John Murray Learning出版社，2017年）

《转念：发现并感知生命的另一种可能》（*Loving What Is: Four Questions That Can Change Your Life*）

拜伦·凯蒂（Byron Katie）（Rider出版社，2002年）

《如何启动黄金圈思维》（*Find Your Why: A Practical Guide for Discovering Purpose for You and Your Team*）

西蒙·斯涅克（Simon Sinek），戴维·米德（David Mead），彼得·多克尔（Peter Docker）（Portfolio Penguin出版社，2017年）

《效率脑科学：卓有成效地完成每一项工作》（*Your Brain at Work: Strategies for Overcoming Distraction,Regaining Focus,and Working Smarter All Day Long*）

戴维·罗克（David Rock）（Harper Business出版社，2009年）

《成功的第三种维度》（*Thrive: The Third Metric to Redefining Success and Creating a Happier Life*）

阿里安娜·赫芬顿（Arianna Huffington）（WH Allen出版社，2015年）

《无所畏惧》（*Dare to Lead: Brave Work. Tough Conversations. Whole Hearts*）

布琳·布朗（Brené Brown）（Vermilion出版社，2018年）

《大脑幸福密码：脑科学新知带给我们平静》（*Hardwiring Happiness: How to reshape your brain and your life*）

里克·汉森（Rick Hanson）（Rider出版

社，2014年）

《幸福超越完美》（*The Pursuit of Perfect : How to Stop Chasing perfection and Start Living a Richer, Happier Life*）

泰勒・本-沙哈尔（Tal Ben-Shahar）（麦格劳希尔出版社，2009年）

《心灵地图》（*Care of the Soul: An inspirational programme to add depth and meaning to your everyday life*）

托马斯・摩尔（Thomas Moore）（Piatkus出版社，2012年）

参考文献

第1章

Kostadin Kushlev & Elizabeth W Dunn, 'Checking email less frequently reduces stress', *Computers in Human Behavior*, 43, pp220–228 (2015)

Frances Booth, **The Distraction Trap** (Pearson, 2013)

Roman Krznaric and The School of Life, **How to Find Fulfilling Work (The School of Life)**(Macmillan, 2012)

Joseph Jaworski and Peter M Senge, **Synchronicity: The Inner Path of Leadership**(Berrett-Koehler, 2011)

第2章

Elemental Alchemy blog. Beautiful writings on ayurvedic wisdom for modern healthy living:www.elemental-alchemy.com/blog/

James Joyce, **Dubliners** (Penguin Modern Classics, 2000)

Anna Halprin, **Return to Health: with Dance, Movement and Imagery** (LifeRhythm, U.S, 2002)

第3章

Kelly McGonigal, **The Upside of Stress: Why stress is good for you (and how to get good at it)** (Vermilion, 2015)

Robert M. Sapolsky, **Why Zebras Don't Get Ulcers** (St Martin's Press, rev ed. 2004)

Dr Deepak Chopra, **The Seven Spiritual Laws Of Success: A Practical Guide to the Fulfillment of Your Dreams** (Bantam Press, 1996)

Sharon Begley, **The Plastic Mind** (Constable, 2009)

第4章

Jon Kabat-Zinn, **Full Catastrophe Living: How to cope with stress, pain and illness using mindfulness meditation** (Piatkus Books, rev ed. 2013)

Mark Williams & Dr Danny Penman, **Mindfulness: A Practical Guide to Finding Peace in a Frantic World** (Piatkus Books, 2011)

Chade-Meng Tan, **JOY ON DEMAND: The Art of Discovering the Happiness Within** (Harper Collins, 2017)

第5章

Don Richard Riso & Russ Hudson, **Personality Types: Using the Enneagram for Self-Discovery** (Houghton Mifflin, 1996)

Sandra Maitri, **The Spiritual Dimension of the Enneagram: Nine Faces of the Soul** (Jeremy P Tarcher, 2001)

Daria Halprin, **The Expressive Body in Life, Art, and Therapy: Working with Movement, Metaphor and Meaning** by (Jessica Kingsley, 2008)

Beatrice Chestnut PhD, **The 9 Types of Leadership: Mastering the Art of People in the 21st Century Workplace** (Post Hill Press, 2017)

Tony Hsieh, **Delivering Happiness: A Path to Profits, Passion and Purpose** (Business Plus, 2010)

Brene Brown, **The Gifts Of Imperfection** (Hazelden FIRM, 2018)

Eckhart Tolle, **The Power of Now: A Guide to Spiritual Enlightenment** (Mobius, 2001)

Eckhart Tolle **A New Earth: Create a Better Life** (Penguin, 2009)

Robert K. Greenleaf , Larry C. Spears , et al., **The Power of Servant-Leadership** (Berrett-Koehler, 1998)

后　记

在本书即将结束之际，我既要感谢也要祝贺你的投入与付出。我希望你发现这段旅程对你而言是有用的，也是有收获的。

每一个结局中都孕育着一个新的开始，随着翻开最后几页，充满潜力和选择的光辉时刻的大门向你敞开。也许你可以利用这个机会总结自己所有的成就，发现自己的诸多天赋，欣赏自己持之以恒的勤奋，感谢自己坚持不懈的努力，承认自己就是一名自觉的领导者。

这个新的开端也是供你反思的时刻，思考你需要向前推进的问题和需要吸取的经验。如果你打算采取一些具体的新行动，此刻是做笔记和发挥灵感的好时机。如果你希望继续按照本书提供的方法行动，那么请思考下面的问题，并以一年为期，不疾不徐地持续跟进。

现在，有什么重要的见解、想法或问题，你希望在一周、一个月、一年后仍将它们牢记于心？

然后，设立3个提醒节点（分别以一周、一个月、一年为期，或者在你另外选定的其他日期），让它们提示自己反思某个主题，静下心来思考一个问题，或记住一个重要的个人见解。

你可能已经发现，本书的目的是要带给你更多的思考而非答案，因此如果你觉得自己正在精进，而且还有许多尚待完成的修行，那么你已经窥得入门之道。请记住，智慧总是源于困惑。

最后，请允许我再补充一点，我们的世界迫切需要自觉的领导者，他们勇于自我了解，精于自我维护，善于自我管理，勤于自我发展，奔赴在自我实现的道路上。我说的正是像你这样的人。

我们的世界迫切需要自觉的领导者……我说的正是像你这样的人。

如果你还在犹豫不决，请鼓起勇气。要知道，你永远不会觉得自己完全准备好了，但一定会有那么一刻，你会挺身而出，扛起责任，勇敢地迎接自己的命运。我对你的祝愿是，当那一刻来临时，我们在本书中一起完成的练习将帮助你感到更安全、更有能力、更多地了解自己的优秀，更多地联结自己的内在资源，最终能更当之无愧地承认自己的卓越不凡。

最后，我希望你继续走完这段旅程，成为你生来就该成为的那个人。

作者简介

尼尔·塞利格曼

正念专家和励志演说家，也是正念、韧性和健康咨询公司“正念职业人”的创始人。曾担任英国广播公司第一台的特邀嘉宾，其作品曾发表于《赫芬顿邮报》（*The Huffington Post*）、《心理学》（*Psychologies*）、《镜报》（*The Mirror*）等多家媒体。

自我提升系列图书

《慢享时光》

ISBN：978-7-5046-9633-5

《识人的智慧》

ISBN：978-7-5046-9627-4

《积极领导力》

ISBN：978-7-5046-9903-9

推荐阅读

◆ 岸见一郎 · 勇气系列 ◆

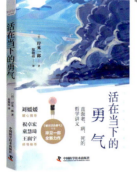

活在当下的勇气

ISBN：978-7-5046-9021-0

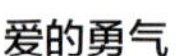

爱的勇气

ISBN：978-7-5046-9237-5

◆ 畅销书作者系列 ◆

可是我还是会在意：摆脱自我意识过剩的8种方法

ISBN：978-7-5046-9602-1

作者：和田秀树

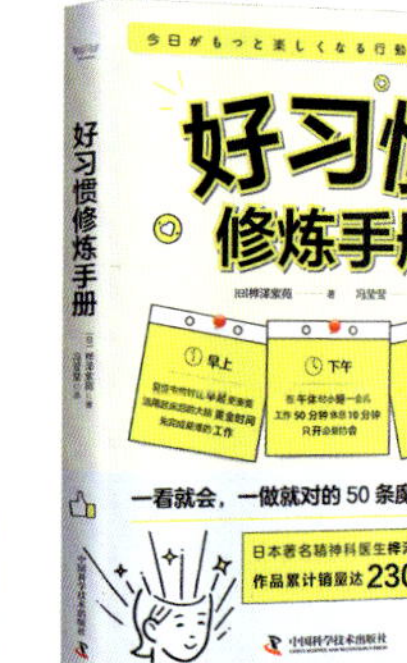

好习惯修炼手册

ISBN：978-7-5046-9579-6

作者：桦泽紫苑

◆ 大众科普书系列 ◆

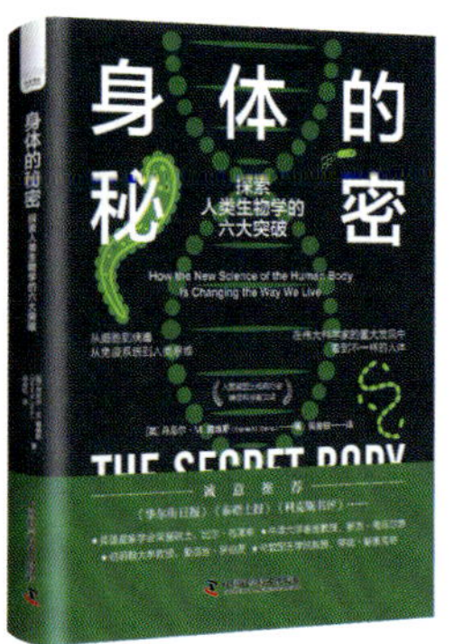

身体的秘密

ISBN：978-7-5046-9700-4

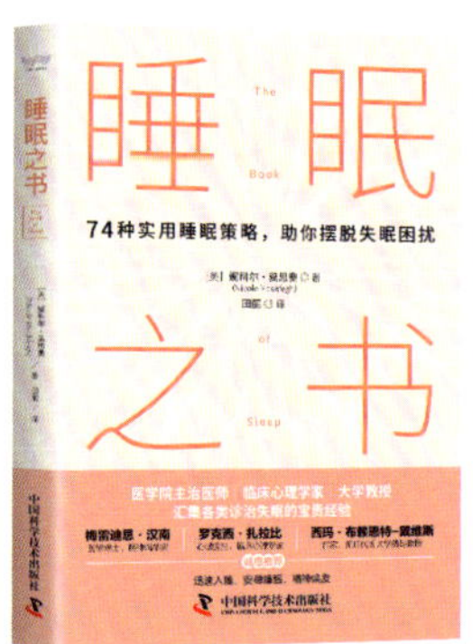

睡眠之书

ISBN：978-7-5046-9601-4